WILLIAM MORGAN, TŶ MAWR A WYBRNANT

Argraffiad cyntaf: 2022
ⓗ Eryl Owain / Gwasg Carreg Gwalch
Llun y clawr: Aneurin Phillips
Dylunio: Eleri Owen

Rhif Llyfr Safonol Rhyngwladol:
978-1-84527-800-7

Cyhoeddwyd gyda chymorth
Cyngor Llyfrau Cymru

CYNGOR LLYFRAU CYMRU

Cyhoeddwyd gan
Gwasg Carreg Gwalch,
12 Iard yr Orsaf, Llanrwst,
Dyffryn Conwy, Cymru LL26 0EH.
Ffôn: 01492 642031
e-bost: llyfrau@carreg-gwalch.cymru
lle ar y we: www.carreg-gwalch.cymru

Argraffwyd a chyhoeddwyd yng Nghymru

WILLIAM MORGAN, TŶ MAWR A WYBRNANT

GOLYGYDD **ERYL OWAIN**

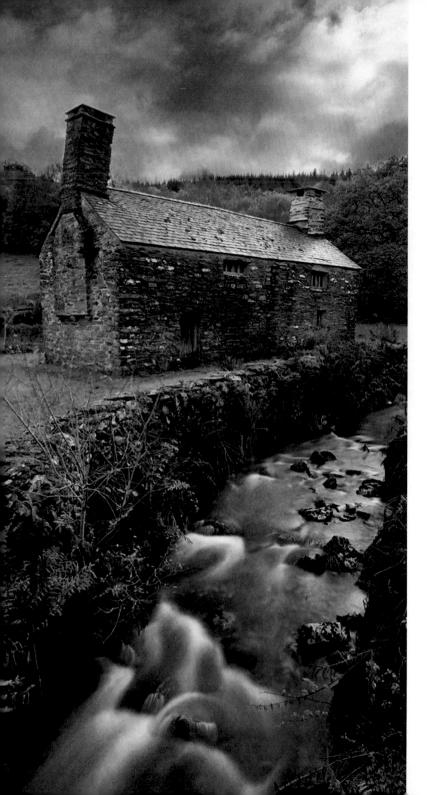

Diolch i ...

Victor a Carol Evans, Iola Wyn Jones, Richard Jones, Dennis Davies, Gerwyn Edwards a Nathan Munday am rannu eu hatgofion o fyw yn Nhŷ Mawr ac i Gwyndaf Davies, Peggy Griffiths, Eluned McFadden, a Vivian Parry Williams am eu cymorth a'u hatgofion hwythau

Cledwyn Fychan am ddarllen y teipysgrif, ei anogaeth a'i sylwadau gwerthfawr

Gruffydd Aled Williams am sgwrs a chyngor

Meinir Hughes ac Aneurin Phillips am dynnu lluniau ac i bawb am fenthyca lluniau

Trystan Edwards a Gwenno Thomas o'r Ymddiriedolaeth Genedlaethol

Staff Llyfrgell Llanrwst a Llyfrgell ac Archifdy Prifysgol Bangor

Rhodri am gywiro'r proflenni ac i Angharad ... am bob dim

Wasg Carreg Gwalch am bob cefnogaeth a chyngor a'r dylunio a'r argraffu caboledig.

Ac, wrth gwrs, diolch enfawr i'r ysgolheigion sydd wedi datgelu'r hanes mewn modd mor ysbrydoledig.

Cyflwynir i

Iola Wyn Jones
am ei gwaith arloesol yn Nhŷ Mawr, 1980–1993
ac iddi hi a'r ceidwaid eraill am agor y drws ac adrodd y stori

Ymddiriedolaeth Genedlaethol
National Trust
Croeso cynnes · Welcome to
Tŷ Mawr Wybrnant

DOLWYDDELAN
Cwmcelyn
Cwmdreiniog
BETWS-Y-COED
A470
Rheilffordd
Afon Lledr
Pont Gethin
Pont ar Ledr
Tanaeldroch
Fish Inn
Glan Lledr
Glyn Lledr
Ty'n-y-berth
Rhiw yr Ychain
Hafod-y-chwaen
Capel Cyfyng
Fedw Deg
Foel Felen
Wybrnant
Bwlch-y-maen
Tŷ Nant
Tan-y-clogwyn
Cae Gwayw
Ty'n-y-bedw
Pwll-y-gath
Glan-yr-afon
Tŷ Coch
Cefn-y-Llan
Tŷ Mawr
tŷ
Murddun
G.
PENMACHNO
Talar Gerwin
500 m

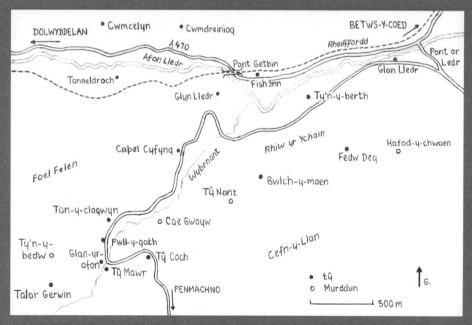

CYNNWYS

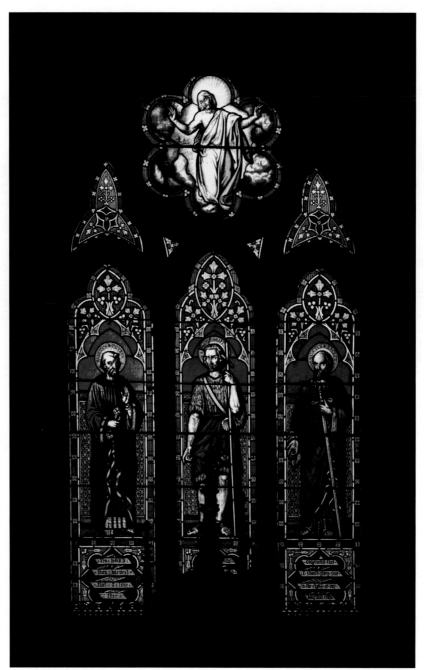

*Ffenestr Goffa yn
Eglwys Sant Tudclud,
Penmachno*

CYFLWYNIAD

Hyd yn oed pe byddai rhywun yn mynd ati'n fwriadol i or-ddweud, byddai'n anodd iawn gorbwysleisio arwyddocâd cyfieithu'r ysgrythurau i'r Gymraeg yn yr unfed ganrif ar bymtheg na chwaith orbwysleisio camp y cyfieithwyr eu hunain. Yn wir, gellir dweud mai dyna a sicrhaodd barhad yr iaith i'r unfed ganrif ar hugain.

Er nad oedd bygythiad uniongyrchol yn y cyfnod hwnnw i'w pharhad fel iaith lafar, heb Feibl Cymraeg barn R. Geraint Gruffydd yw na 'fyddai i'r Gymraeg bellach unrhyw statws mewn byd nac eglwys, ac fe ddirywiai'n araf yn glwstwr o dafodieithoedd diurddas ac annealladwy y naill i'r llall, ac yn y diwedd ddiflannu'n llwyr' ond o gael Beibl William Morgan, 'fe ddarparwyd trwyddo ar gyfer ysgrifenwyr Cymraeg batrwm ardderchog o ryddiaith reolaidd, huawdl ac amrywiol, gan osod y safon ... am ganrifoedd eto i ddod.'

Prif gymhelliad y cyfieithwyr oedd sicrhau llwyddiant y drefn Brotestannaidd yng Nghymru ac achub eneidiau eu cyd-Gymry. Wedi i Harri VIII orchymyn yn 1538 mai'r Beibl Saesneg oedd i'w ddefnyddio ym mhob eglwys, ac i Edward VI orchymyn yn 1549 y dylai'r Llyfr Gweddi Cyffredin gael ei ddefnyddio yn yr un modd, Saesneg oedd iaith y gwasanaethau, iaith a oedd i'r mwyafrif llethol o Gymry yn annealladwy ac yn llawer llai cyfarwydd na hyd yn oed y Lladin blaenorol. Ofnid na fyddai'r neges Brotestannaidd yn treiddio i drwch y boblogaeth ac, yn wir, y gallai defnyddio'r Saesneg sbarduno adwaith yn erbyn y grefydd newydd. Roedd pryderon gan y llywodraeth bod Cymru'n parhau'n deyrngar i'r Hen Ffydd ac y gallai'r wlad gynnig llwybr ymosod i bwerau Pabyddol y cyfandir.

O ganlyniad, cafwyd ymgyrch i ddarbwyllo'r awdurdodau gwladol ac eglwysig y dylid defnyddio'r Gymraeg i gyflwyno'r neges, ymgyrch a arweiniodd at ddeddf yn 1563 yn galw am gyfieithu'r Beibl cyfan erbyn Mawrth y cyntaf, 1567. Roedd hynny'n rhy uchelgeisiol ond yr hyn a gafwyd y flwyddyn honno oedd Testament Newydd a Llyfr Gweddi Cyffredin, o waith William Salesbury yn bennaf.

Fel y gwyddom, cwblhawyd y gwaith gan William Morgan ac argraffwyd y Beibl Cymraeg cyflawn cyntaf erbyn Medi 1588. Addasodd Destament Newydd Salesbury, gan ystwytho'r iaith a'r orgraff, ynghyd â chyflwyno ei gyfieithiad ei hun o'r Hen Destament. Ond nid un i bwyso ar ei rwyfau oedd William Morgan. Mae'r ffaith iddo barhau i weithio ar addasu'r Llyfr Gweddi Cyffredin a'i gyfieithiad ei hun o'r Testament Newydd yn brawf ei fod yn gweld yr angen am ddiwygio pellach.

Beth bynnag fyddai effeithiau difaol tymor hir Deddf Uno 1536 yn cyhoeddi'r Saesneg yn unig iaith swyddogol Cymru, roedd dylanwad uniongyrchol deddf 1563 yn llawer cryfach. Wedi i'r broses o gyfieithu'r Beibl a'r Llyfr Gweddi gael ei chwblhau, byddai Cymraeg safonol a graenus i'w glywed mewn pulpudau ledled y wlad a hynny'n unffurf o Fôn i Fynwy. Rhoddodd hynny fri ac urddas i'r iaith a sicrhau y byddai'n parhau i ddatblygu'n iaith lenyddol ac iaith ddysgedig.

Er mor bwysig oedd hyrwyddo Protestaniaeth, roedd mwy iddi na hynny. Roedd gan y cyfieithwyr falchder yn eu hiaith a balchder yn y traddodiad llenyddol ynghlwm wrthi. Roedd Salesbury, yn arbennig, yn awyddus i brofi i'r byd hynafiaeth y Gymraeg a phrofi y gallai ddal ei phen ochr yn ochr ag ieithoedd eraill Ewrop fel iaith gymwys i gyflwyno dysg drwyddi. Nid oes amhcuacth nad oedd ef a William Morgan ac eraill fel John Davies ac Edmwnd Prys – a oedd ei hun yn fardd toreithiog a medrus yn y mesurau caeth – yn gyfarwydd iawn â'u hetifeddiaeth gyfoethog fel Cymry diwylliedig a dysgedig.

Ac roedd ganddynt draddodiad i fod yn falch ohono. Credai dyneiddwyr Protestannaidd yr unfed ganrif ar bymtheg fod Cristnogaeth wedi ei chyflwyno i Gymru gan Sant Joseff o Arimathea yn fuan wedi cyfnod Crist ei hun a bod yna 'Feibl Cymraeg' yn dyddio o gyfnod cynnar iawn, ac nad crefydd estron, Seisnig oedd Protestaniaeth. Nid oedd sail i ddim o hynny, wrth gwrs, ond nid yw'n gwanhau dim ar sicrwydd a sêl y rhai a gredai'r fath syniadau cyfeiliornus ag arddeliad.

Ar y llaw arall, roeddent ar dir cwbl gadarn yn ymfalchïo yn eu hetifeddiaeth lenyddol ddisglair, yn arbennig ym maes barddoniaeth. Bu'r beirdd proffesiynol ers canrifoedd yn hyrwyddo celfyddyd a gwarchod a datblygu safonau'r iaith ac roedd rhai ohonynt o hyd yn yr unfed ganrif ar bymtheg yn parhau i gynnal y traddodiad hwnnw. Mae eu dylanwad hwy yn amlwg iawn yng nghyfieithiadau William Morgan – roedd Salesbury'n dibynnu fwy ar ryddiaith yr Oesoedd Canol – tra'r oedd y ddau ohonynt yn gyfarwydd ag iaith lafar rywiog gwahanol rannau o Gymru. Mae'r cyfuniad yma o'r llenyddol a'r llafar yn un agwedd ar lwyddiant y cyfieithiadau.

Ochr yn ochr â hynny, bu Cymru'n ffodus dros ben o gael cenhedlaeth o ysgolheigion ymroddedig a hynod o ddisglair. O ganlyniad i'w haddysg ym mhrifysgolion Rhydychen a Chaergrawnt, roedd ganddynt feistrolaeth o'r ieithoedd clasurol ac ymwybyddiaeth a dealltwriaeth o'r syniadau newydd, chwyldroadol yn wir, a oedd yn cyniwair trwy Ewrop. Roedd asio'r ddysg ddyneiddiol ryngwladol newydd â'u hetifeddiaeth fel Cymry yn gyfuniad arall a arweiniodd at gampweithiau'r cyfnod.

Roedd y Gymraeg felly ar flaen y gad o ran datblygiadau crefyddol ac ysgolheigaidd y cyfnod. Mae'n rhyfeddol meddwl ei bod yn un o tua'r pedair iaith ar ddeg gyntaf i gael cyfieithiad o'r Beibl ac mai'r Gymraeg oedd un o'r ychydig ieithoedd nad oedd yn iaith swyddogol i wladwriaeth y gwelwyd cyfieithu'r Beibl iddi o fewn can mlynedd i'r Diwygiad Protestannaidd. Mewn cymhariaeth, ni chafwyd Beibl Gwyddeleg tan 1685, un Gaeleg tan 1801 ac un Llydaweg tan 1827.

Er mai yn ystod ei gyfnod yn Ficer Llanrhaeadr-ym-Mochnant y cwblhaodd William Morgan ei gyfieithiad o'r Beibl, cysylltir ei enw fynychaf â man ei eni, Tŷ Mawr Wybrnant ym mhlwyf Penmachno. Bwriad y llyfr hwn yw ystyried campwaith 1588 ochr yn ochr â'r cysylltiadau lleol a cheisio olrhain hanes y tŷ arbennig hwnnw, a'r gymdogaeth o'i amgylch, dros y blynyddoedd ac olrhain y modd yr ydym wedi cofio am William Morgan a dathlu ei fywyd.

BYWYD WILLIAM MORGAN

Er bod yr hen garreg goffa a arferai fod ar fur Tŷ Mawr, a'r cofgolofnau iddo yng Ngholeg Ioan Sant yng Nghaergrawnt ac yn Eglwys Gadeiriol Llanelwy, yn nodi 1541 fel dyddiad geni William Morgan, mae'n bur debyg mai yn ystod tri mis cyntaf 1545 y gwelodd olau dydd am y tro cyntaf. Yn ôl Cofrestr Ordeinio Esgobaeth Ely, roedd yn 23 mlwydd oed pan urddwyd ef yn Ddiacon ar y 15fed o Ebrill 1568 ac yn dal yr un oedran pan urddwyd ef yn offeiriad ar y 18fed o Ragfyr y flwyddyn honno.

Roedd William Morgan yn un o bump o blant John ap Morgan a Lowri, y ddau ohonynt yn gallu olrhain eu hach honedig yn ôl i lwythi brenhinol gogledd Cymru. Dweud yn ymddangosiadol wahanol wnaeth Syr John Wynn o Wydir gyda'i gyhuddiad fod William yn *'descended from a race of bondmen'* nad oeddynt yn ddim gwell na gweision taeog i deulu Gwydir. Adlewyrcha'r geiriau hyn y berthynas chwerw a ddatblygodd rhyngddynt wedi i William Morgan gael ei benodi'n Esgob Llanelwy.

Y gwir yw y gallai John ap Morgan fod yn ddisgynnydd i deulu o dras ond eto'n dal tir caeth fel tenantiaid. Manteisiodd y teulu ar Ddeddf Rhyddfreinio Taeogion yn 1507 ac roedd John ap Morgan yn un o'r rhai hynny a lwyddodd i ddod ymlaen yn y byd trwy ei ymdrechion ef ei hun. Yn ogystal â thenantiaeth Tŷ Mawr roedd, yn ôl cofnodion rhenti Gwydir ar gyfer 1568, yn rhentu ffermydd eraill gan Morus Wynn, gan gynnwys Blaen Glasgwm a Llugallt yng nghwm Glasgwm, a Glyn Lledr yn nyffryn Lledr. Yn ogystal, roedd ganddo hawl i bysgota, *piscae in aqua de Conwey et Lledr*, hawl werthfawr iawn mewn oes pan oedd yr afonydd hynny'n frith o eogiaid. Mae'n ymddangos hefyd y byddai'n gweithredu fel math o stiward i Stâd

Tŷ Mawr, o wynebddarlun argraffiad 1896 o *Salmau William Morgan*

Gwydir; mae cofnod iddo ar y cyntaf o Hydref 1569 drosglwyddo rhenti Dolwyddelan a Phenmachno a degymau Abergele i Morus Wynn.

Cefnoga'r berthynas agos hon â theulu'r Wynniaid y dybiaeth fod William Morgan wedi ei addysgu yng Nghastell Gwydir. Dywed Syr John Wynn yn ei *History of the Gwydir Family* ei fod 'wedi ei ddwyn i fyny mewn dysg' yno a phrin y byddai cyfle unrhyw le arall yn Nyffryn Conwy iddo fod wedi cyrraedd y safon o addysg a fyddai'n sicrhau mynediad i brifysgol. Gwyddys bod Syr John, a oedd wyth mlynedd yn iau na William Morgan, yn cyflogi caplan ar gyfer ei blant ei hun ac mae'n bur debyg y byddai ei dad, Morus Wynn, wedi gwneud yr un modd.

Yno, mae'n bur siŵr felly, y dysgodd Ladin ac

Gwydir – plasty'r Wynniaid wrth droed Carreg y Gwalch

elfennau eraill addysg glasurol y cyfnod. Mae'n bosib iawn hefyd iddo ymgyfarwyddo â'r traddodiad llenyddol Cymreig a thrwytho ei hun yng ngweithiau'r beirdd. Roedd y Wynniaid yn falch iawn o'u tras ac yn ymfalchïo yn eu hetifeddiaeth ac, fel y dywed un bardd,

> Bu Forus a Siôn heb farru – eu pyrth
>   Yn porthi holl Gymru,
> A chynnal beirdd a chanu
> A llawen fwrdd oll yno fu.

Mae'n debyg mai'r cysylltiad â Gwydir a wnaeth iddo ddewis Coleg Sant Ioan yng Nghaergrawnt (i Rydychen y byddai'r Cymry'n mynd fel arfer) ym mis Chwefror 1565 gan fod Dr John Gwynn, brawd Morus Wynn, yn gyn gymrawd o'r coleg. Cofrestrodd fel *sub-sizar*, a olygai fod yn rhaid iddo ar ddechrau ei yrfa fel myfyriwr gyflawni gorchwylion fel gwas i eraill ar ben ei waith academaidd.

Bywyd digon caled fyddai hi i fyfyrwyr tlawd. Yn ôl un o'i gyfoeswyr, byddai'n arferiad ganddynt i redeg neu i gerdded yn gyflym am hanner awr i godi gwres cyn wynebu gwelyau oer y gaeaf! Mae cyfeiriad at William Morgan mewn pennill dychanol gan Babydd o'r enw Stephen Valenger lle mae'n ei gyhuddo o fod yn gybydd gan ei lys-enwi'n 'More-gain'. Wrth gwrs, gyda'r rhan fwyaf o gefndiroedd mwy breintiedig, hawdd fyddai cymysgu rhwng cybydd-dod a'r angen i gyfrif pob dimai. Cyhuddir Edmwnd Prys mewn pennill arall o drosedd wahanol; cael perthynas amheus â gwraig teiliwr o'r enw Puw!

Ond profiad cynhyrfus mae'n siŵr oedd y cyfle i astudio wrth draed sawl ysgolhaig disglair a chael ei hun yng nghanol berw dadleuon crefyddol y cyfnod mewn coleg a oedd yn gadarnle i Brotestaniaeth a'r Eglwys Anglicanaidd ond lle'r oedd dylanwad a her y Piwritaniaid yn gryf.

Un o amddiffynwyr cadarnaf y drefn Anglicanaidd yno yn wyneb ymosodiadau'r Piwritaniaid oedd John Whitgift, Athro mewn Diwinyddiaeth yn y Brifysgol. Tybed ai bryd hynny y daeth y myfyriwr ifanc o Gymru i sylw'r gŵr pwerus hwn, a fu'n Archesgob Caergaint rhwng 1583 a'i farwolaeth, ychydig fisoedd cyn William Morgan, yn 1604. Byddai llwybrau'r ddau'n croesi eto a chwaraeodd ran allweddol yn sicrhau bod Beibl 1588 yn gweld golau dydd.

Cyrhaeddodd gŵr ifanc arall o Ddyffryn Conwy yr un coleg a'r un pryd â William Morgan. Er i sawl lle ym Meirionnydd gael ei gynnig fel man geni Edmwnd Prys, profwyd mai un o Lanrwst oedd ef ac iddo yntau, fel William Morgan, gael ei addysgu yng Nghastell Gwydir. Ef oedd un o feirdd gorau ei gyfnod, yn canu yn y mesurau caeth, a byddai'n rhesymol tybio ei fod wedi rhannu'r diddordeb hwnnw gyda'i gyd-ddisgybl, a chyd-fyfyriwr wedyn, o Benmachno. Ordeiniwyd y ddau ohonynt ar yr un diwrnod yn Ebrill 1568, yn agosaf at ei gilydd ar y rhestr o'r rhai i'w hurddo.

Derbyniodd William Morgan radd B.A. yn 1568, dyfarnwyd M.A. iddo dair blynedd yn ddiweddarach ac aeth ymlaen i sicrhau graddau B.D. yn 1578 a D.D. yn 1583. Erbyn hynny roedd wedi meistroli Groeg a Hebraeg ac, mae'n debyg, sawl iaith gyfoes hefyd; yn ôl rhai roedd yn hyddysg mewn cynifer ag wyth o ieithoedd. Yn y cyfamser roedd wedi derbyn bywoliaethau Llanbadarn Fawr yn 1572 a'r Trallwm yn 1575 ond, o ystyried ei yrfa academaidd, go brin iddo dreulio llawer o amser yn y plwyfi hynny.

Wedi iddo gael ei benodi'n Ficer Llanrhaeadr-ym-Mochnant, ynghyd â Llanarmon Mynydd Mawr, yn 1578 y daeth yn offeiriad plwyf go iawn. Yno y priododd Catherine ferch George; ni fu plant o'r briodas a bu hi farw flwyddyn ar ei ôl ef a'i chladdu yn ei henfro, yng Nghroesoswallt, ac nid gyda'i gŵr yn Llanelwy. Nid oedd y briodas yn dderbyniol gan ŵr lleol dylanwadol iawn o'r enw Ifan Maredudd, bargyfreithiwr o Lloran Uchaf ym mhlwyf cyfagos Llansilin. Bu ef yn ddraenen boenus yn ystlys William Morgan tra bu yno a bu ymgyfreithio cyson a chostus rhwng y ddau ac ymgiprys hyd at waed.

O ystyried yr amgylchiadau anodd hynny, mae camp William Morgan o gyfieithu'r Beibl cyfan yn fwy rhyfeddol fyth. Cwblhaodd y gwaith erbyn 1587 ond yna bu'n rhaid iddo dreulio blwyddyn gyfan yn Llundain, gan mai yno'n unig yr oedd trwyddcd i argraffu. Cafodd gynnig gan yr Archesgob Whitgift i letya yn ei balas yn Lambeth, i'r de o afon Tafwys, ond roedd yn fwy cyfleus i William Morgan aros yn nhŷ Gabriel Goodman, Deon Westminster a gŵr o Ruthun yn wreiddiol, a oedd ar yr un ochr i'r afon ag argraff-dŷ dirprwyon Christopher Baker 'ger arwydd y Gloch yng nghwrt Eglwys Sant Pawl'.

Y garreg goffa ar wal Eglwys Sant Dogfan,
Llanrhaeadr-ym-Mochnant

Eglwys Sant Garmon,
Llanarmon Mynydd Mawr

13

Mae'n rhaid bod y flwyddyn honno yn Llundain wedi bod yn un llafurus iawn iddo ac yntau'n gorfod darllen – fwy nac unwaith – y 1122 o dudalennau mewn print mân a thrwm i wirio pob gair a hyd yn oed pob llythyren oedd wedi eu gosod â llaw gan y cysodwyr – di-Gymraeg wrth gwrs. Tystia cywirdeb y gwaith terfynol i'w drylwyredd er ei fod yn siomedig bod nifer o wallau argraffu. Ac mae'n werth cofio mai gŵr cymharol ifanc oedd William Morgan o hyd, yn 43 mlwydd oed pan gyhoeddwyd y Beibl ym Medi 1588.

Gorchmynnodd y Cyfrin Gyngor y dylai Esgobion Bangor, Llanelwy, Tŷ Ddewi, Llandaf a Henffordd (gan fod llawer o siaradwyr Cymraeg o fewn yr esgobaeth) sicrhau bod copi o'r Beibl ym mhob plwyf lle siaredid Cymraeg erbyn Nadolig y flwyddyn honno. Gan fod llai na naw cant o blwyfi, y dybiaeth yw mai tua 1000 a gafodd eu hargraffu. Roedd yn costio punt, swm sylweddol bryd hynny, a'r gost i'w rhannu rhwng y ficer a'r plwyfolion.

Tybed beth oedd ym meddwl William Morgan ar ei daith yn ôl i Gymru? Efallai iddo deimlo balchder personol ei fod wedi cyflawni'r fath gamp ond anodd yw peidio â dod i'r casgliad y byddai rhoi'r cyfle i'w gyd-wladwyr glywed a darllen y Beibl mewn iaith ddealladwy iddynt yn cyfrif llawer iawn mwy iddo. Derbyniodd y Beibl groeso mawr gan ei gyd-Gymry ac mae'n amlwg iddo greu cryn argraff arnynt mewn dim o dro.

Roedd yr ymgyfreithio yn Llanrhaeadr wedi costio'n ddrud iddo ac roedd ymhell o fod yn ŵr cyfoethog. Roedd hyn er ei fod yn dal, ar brydiau, segurswyddi Dinbych a Llanfyllin hefyd, ac iddo dderbyn bywoliaeth Pennant Melangell yn 1588, yn ychwanegol at Lanrhaeadr. Ymhen saith mlynedd arall, yn 1595, cafodd ei wneud yn Esgob, ond hynny yn Llandaf, y tlotaf o

Maen Coffa Eglwys Gadeiriol Llandaf

esgobaethau Cymru. Dim ond rhyw £50 y flwyddyn yn fwy oedd ei incwm yno nag fel offeiriad plwyf.

Roedd Eglwys Gadeiriol Llandaf mewn cyflwr gwael iawn ac roedd gan William Morgan fwriad i'w hail-adeiladu. Ni ddaeth dim o hynny ond bu'n brysur yn gweithio ar ddiweddaru'r cyfieithiadau o'r Testament Newydd a'r Llyfr Gweddi Cyffredin er mwyn cael cysondeb â'i gyfieithiad ef o'r Hen Destament. Dymunai weld, yn ei eiriau ef ei hun, Destament 'llai ei feiau, ei faint a'i bris'. Mae'n amlwg ei fod yn awyddus i'r Ysgrythur fod ar gael y tu hwnt i'r eglwysi a chartrefi ychydig o ysgolheigion a chyfoethogion. Roedd John Davies, ysgolhaig hynod ddisglair o Lanferres yn Sir Ddinbych, eisoes wedi treulio cyfnodau gyda William Morgan yn Llanrhaeadr tra'r oedd yn gweithio ar ei gyfieithiad a gwahoddwyd ef ato i Landaf fel cynorthwydd iddo. Dilynodd ei Esgob wedyn i Lanelwy ac un o benderfyniadau olaf William Morgan, lai na phythefnos cyn iddo farw, oedd ei benodi'n rheithor Mallwyd ac fel y Dr John Davies y cofiwn amdano.

Cyhoeddwyd y Llyfr Gweddi yn 1599, wedi ei lywio

drwy'r wasg gan William Morgan ei hun mae'n debyg, ac erbyn 1603 roedd wedi cwblhau fersiwn ddiwygiedig o'r Testament Newydd hefyd ond ymddengys i Thomas Salisbury, o Glocaenog yn wreiddiol, a chyhoeddwr llyfrau yn Llundain, golli'r unig gopi wrth iddo ffoi o'r ddinas i osgoi'r Pla. Cydiwyd yn y dasg gan John Davies ac mae'n eithaf sicr mai ef wnaeth y rhan fwyaf o'r gwaith, dan arweiniad ei frawd-yng-nghyfraith, Dr Richard Parry, olynydd William Morgan fel Esgob Llanelwy, o baratoi fersiwn ddiwygiedig o'r Beibl yn 1620. Hwn fyddai 'fersiwn awdurdodedig' y Beibl yn Gymraeg am bedair canrif ond gwaith William Morgan oedd craidd Beibl 1620 ac ef biau'r clod pennaf o hyd.

Heb os, mae rhyddiaith feistrolgar ac ysblennydd William Morgan yn brawf o'i ddawn diamheuol fel llenor. Yn ogystal â'i sêl grefyddol, mae'n siŵr fod anian y llenor yn ei gymell hefyd gan roi iddo'r ysfa i ddyfalbarhau i ysgrifennu. Yn Chwefror 1588, tra'r oedd yn Llundain, cofrestrodd bregeth Gymraeg ar gyfer ei chyhoeddi ond gan nad oes copi wedi goroesi collwyd y cyfle i ddarllen darn o ryddiaith wreiddiol ganddo. Gwelir ambell linell o gynghanedd – a sawl enghraifft o gyflythrennu – ym Meibl 1588 a tybed a oedd William Morgan yn barddoni yn ogystal â bod yn noddwr hael i feirdd? Mae dau englyn lled grafog wedi eu priodoli iddo ar gael mewn llawysgrifau, un ohonynt yn cynnig cyngor digon doeth, mae'n siŵr

Cân weddus foliant – i wyrda:
 Cei ordor a ffyniant;
 Ffiaidd, heb ddoedyd ffuant,
 Yw datgan dychan gan dant!

Yn ei ragymadrodd i'w *Dictionarium Duplex*, dywed John Davies fod William Morgan wedi bod yn gweithio ar baratoi geiriadur. Byddai'r gweithgaredd hyn oll yn nodweddiadol o ddiddordebau amlochrog dyneiddwyr y cyfnod.

Roedd wedi dychwelyd i'r gogledd pan benodwyd ef yn Esgob Llanelwy yn 1601. Er bod cyflwr ei iechyd yn gwanhau aeth ati, ar ei gost ei hun, i ail doi'r Eglwys Gadeiriol a dechreuodd ar y gwaith o atgyweirio Palas yr Esgob, gan fyw yn y cyfamser yn nhŷ'r Archddeacon, Plas Gwyn, yn Niserth. Ymrôdd hefyd i annog ei offeiriaid i bregethu'n rheolaidd a bu'n warchodol o fuddiannau'r Eglwys. Arweiniodd hynny at ffraeo chwerw unwaith eto, y tro yma â Syr John Wynn o Wydir (ymysg eraill) o bawb.

Trawyd William Morgan yn wael ac, er iddo dreulio chwe mis yn Lloegr yn ceisio adferiad, bu farw ar y 10fed o Fedi 1604 a'i gladdu drannoeth yn Llanelwy. Gadawodd dim ond £110, swm sy'n cyfateb i dipyn llai na hanner ei incwm blynyddol fel Esgob ac mae rhestr o'i eiddo'n un syml iawn, yn cynnwys pethau fel ychydig o lestri piwtar a phum potyn blodau – a hyd oed dau baun a dau alarch! Ar ben hynny, roedd mewn dyled i'r Goron, nid yn bersonol ond oherwydd bod trethi heb eu talu gan amryw o'i offeiriaid.

Rhai blynyddoedd yn ddiweddarach, ysgrifennodd Syr John Wynn yn ddirmygus ei fod wedi marw'n ŵr tlawd ond mewn gwirionedd roedd hynny'n glod iddo. Yn wahanol i aml un arall, ni fanteisiodd William Morgan ar ei safle fel Esgob i ymelwa. Nid oedd casglu cyfoeth personol yn flaenoriaeth iddo; i'r gwrthwyneb, gwariodd yn helaeth ar wella adeiladau a gofalu am fuddiannau ei esgobaeth.

Cofgolofn y Cyfieithwyr yn Llanelwy

CHWEDLAU AM WILLIAM MORGAN

Billy Bach a'r mynach

Ceir yng nghymydogaethau Penmachno a Dolyddelen amryw o draddodiadau tra dyddorol ynghylch y Dr. W. Morgan. Dywedir i hen fynach ddyfod heibio i'r Tŷ Mawr pan oedd Billy Bach tuag wyth oed, a chafodd y fraint o aros i lechu yn y Tŷ Mawr rhag erledigaeth a thlodi. Bernir hefyd ei fod yn berthynas pell i'r teulu, cyn yr anturiasent lochesu troseddwr crefyddol, oblegid un yn dianc rhag cael ei garcharu oherwydd ei opiniynau crefyddol yn ddiau oedd y mynach. Modd bynag am hynny, daeth William Morgan yn ysgolor mawr yn ieuanc, heb i'r wlad oddi amgylch fod yn gwybod dim fod ganddo athraw. Ond fodd bynag, daeth y ffaith i glustiau yr hen Syr John Wynn o Wydir, fel y mynodd yr hen foneddwr roddi mab y Tŷ Mawr ar ei brawf a chael allan fod Will Bach o'r Tŷ Mawr yn alluog i ddarllen ac ysgrifennu amryw o ieithoedd yn dda, a'r canlyniad fu i William Morgan fyned yn ffefryn mawr i'r hen foneddwr o Wydir.

Y Llan a'r Dywysogaeth,
16 Mawrth 1888

Pwy fyddai'n meddwl cyfeirio at y Parchedig Ddoctor William Morgan fel Billy Bach? Mae'n enw sy'n anodd ei gysoni â'r darlun (dychmygol) arferol ohono yn henwr barfog urddasol a syber, a golwg chwyrn ar ei wyneb!

Hawdd iawn yw taflu dŵr oer ar y stori bod hen fynach wedi dysgu William Morgan pan oedd yn blentyn bach; byddai'n wyth oed yn 1553, y flwyddyn yr esgynnodd Mari'r Cyntaf Babyddol i'r orsedd felly ni fyddai angen i fynaich ymguddio. A dyna hefyd y flwyddyn y ganwyd John Wynn felly, os oedd gan Wydir ran yn addysgu'r William ifanc, yna Morus, tad Syr John, fyddai wedi trefnu hynny.

Ond, wrth gwrs, ni ellir profi'n bendant nad oes sail i'r stori! Dyna'r traddodiad sydd wedi ei drosglwyddo dros y canrifoedd ac efallai'n wir y byddai ambell hen fynach wedi ei hel o Abaty Maenan neu Briordy Beddgelert wedi bod yn dysgu rhai o blant y fro.

Portread Thomas Prytherch o William Morgan

yn gosod eu dwylo ar y groes a dilyn siâp y groes â'u bysedd gan weddïo y byddent yn dod i ben eu taith yn ddiogel. Ac o wneud hynny'n aml,

> *'Treigl bysedd cymdogaeth*
> *a'u cadwodd yn sgleinio'.*

Gan nad ydym yn bell iawn, yn ddaearyddol nac o ran amser, o gyfnod herwyr Ysbyty Ifan a'u brwydrau yn erbyn Maredudd ab Ifan, hen-daid i Syr John Wynn a symudodd o Eifionydd tua'r flwyddyn 1500 gan ymsefydlu yng nghastell Dolwyddelan, efallai y byddai rheswm da gan rai o fewn cof pobl oes William Morgan dros weddïo'n daer cyn mentro ar daith! Yn ôl stori a adroddir gan Charles Ashton yn ei gyfrol, *Bywyd ac Amserau yr Esgob Morgan*, roedd mam William Morgan yn llawn gobeithion amdano,

> *'Rwyf yn disgwyl pethau mawr oddi wrth William,*
> *gan na welais un mwy gofalus nag ef wrth ddweud ei*
> *baderau wrth y meini cred.'*

Mae rhai straeon am Dŷ Mawr hefyd. Yn ôl Gethin Jones arferai carreg efo'r geiriau 'Heb Dduw, heb ddim' fod yn wal y tŷ, uwchben y drws a dywed ei bod yn dal yno yn 1806. Yn *The Heart of Northern Wales* (1927), mae W. Bezant Lowe yn dweud bod drws ar ochr dde'r lle tân i gwpwrdd a oedd yn agor i'r simnai lle, meddai, yr arferai William Morgan guddio ar adeg o erlid. Nid oes tystiolaeth fod sail i'r stori hon nac unrhyw awgrym bod ei deulu wedi wynebu erledigaeth.

Yn ôl map degwm 1839, roedd cae gerllaw o'r enw Coeden Owen. Mae traddodiad iddo gael ei enwi ar ôl un o'r Methodistiaid cynnar a fyddai'n cuddio'n y goeden pan fyddai'r awdurdodau'n tarfu ar seiat yn Nhŷ Mawr.

Mae traddodiad fod William Morgan yn arfer pregethu o glogwyn rhyw filltir i'r de o Dŷ Mawr ar lethrau Ro-lwyd sy'n dwyn yr enw Pigyn Esgob. Gerllaw, mae hen lwybr o Ddolwyddelan i Benmachno trwy Fwlch y Groes, lle'r arferai carreg sefyll gyda siâp y groes arni. Os gwelid y rhigolau wedi eu llenwi â chen, byddai'n arwydd bod y wlad yn ddi-weddi. Dywedir y byddai teithwyr drwy'r bwlch – a William Morgan yn eu plith –

Ond mae esboniad arall difyrrach i'w gael. Yn *Ceinion Llenyddiaeth Gymraeg* (1876) mae Owen Jones yn adrodd hanes ymladdfa waedlyd yn 1659, flwyddyn cyn dychweliad Siarl II i'r orsedd a phan oedd y Seneddwyr yn dal i reoli.

Roedd brenhinwr pybyr o'r enw Rhodri Llwyd yn byw yn Nhy'n-y-berth yn nyffryn Lledr a chan ei fod yn dioddef o iselder o bryd i'w gilydd, trefnodd ei gyfeillion Noson Lawen yn Nhŷ Mawr i godi ei galon. Gwahoddwyd Sion Owen y telynor a Twm Beti y ffidlwr yno i ddiddori a bardd o Feddgelert o'r enw William Pyrs.

Aeth pob dim yn hwylus a'r cwrw'n llifo am oriau tan i William Pyrs adrodd cerddi gwrth-frenhinol. Heb yn wybod i'r gweddill, roedd wedi troi ei got i ochri â Chromwell. Bygythiwyd ef y byddent yn torri ei dafod ac yn ei chladdu gyda'r ci ym Meddgelert! Llusgwyd ef tua'r drws gan Rhodri Llwyd ond clywyd sŵn ergyd anferthol a gwelwyd bod cawr o ddyn wedi hollti'r drws derw cadarn yn ei hanner efo gordd. Gwelodd Rhodri ddau ddyn arall y tu cefn iddo a deallodd mai dynion Cromwell oeddynt. Gan ei fod o dras y môr-leidr, Tomos Prys o Blas Iolyn, roedd iddo natur ymladdwr a thynnodd ei gleddyf a bwrw'r tri. Ond, wedi sylweddoli bod mintai fawr ohonynt, rhybuddiodd gweddill y cwmni i ddianc o'r tŷ drwy'r drws cefn, 'y ffordd y byddai mynaich yn mynd yn amser William Morgan', yn ôl y stori.

Ni lwyddodd y cwmni i fynd yn bell – oherwydd effaith y cwrw efallai? Daliwyd hwy ger Talar Gerwin lle bu brwydr waedlyd a lladdwyd amryw gan gynnwys Twm Beti a Barbara, merch Rhodri Llwyd. Dihangodd y telynor, Sion Owen, trwy ddringo coeden dderw yng nghae Coeden Owen gerllaw.

Talar Gerwin, ym mhen uchaf Wybrnant

TŶ MAWR

Er ei fod yn fan geni cyfieithydd y Beibl i'r Gymraeg, ni chafodd Tŷ Mawr bob amser ei fawrygu a'i barchu yn y gorffennol. Nid yw O. M. Edwards yn ei gynnwys yn *Tro Trwy'r Gogledd* nac yn *Cartrefi Cymru*. Ond, o gofio mai yn 1896 y cyhoeddwyd *Cartrefi Cymru*, efallai nad yw hynny'n syndod oherwydd ychydig flynyddoedd cyn hynny roedd hen gartref William Morgan mewn cyflwr gwael iawn.

Tŷ Mawr tua 1870

Lle genedigaeth y Dr Morgan

Dydd Gŵyl Dewi diwethaf, bu amryw o feirdd a llenorion ar bererindod yn y lle cyssegredig lle yr agorodd yr anfarwol Dr. Morgan, cyfieithydd y Beibl, ei lygad mawr ar y byd am y tro cyntaf. Cychwynasom yn y boreu o Glan Aber, Bettws y Coed o dan arweiniad y bardd, y gwladgarwr a'r boneddwr caredig, Owen Cethin Jones, Ysw. Penmachno.

Arweiniodd Gethin Jones ni gydag ymylon rhaiadrau Conwy, drwy yr olygfa fwyaf ofnadwy a welsom erioed yng ngwaelod Nant Anoddyn lle mae y barddonol, y rhamantus, yr hagr a'r hardd, y dwfn a'r uchel wedi eu cyfuno yn y fath fodd nes ydynt yn

Nant Anoddyn
– 'un o'r llefydd mwyaf ofnadwy yng Nghymru fawreddog'

'synu, pensyfrdanu dyn'.

Y mae y nant hon o'r Anoddyn hyd at Gadair Rhys Goch, lle yr ymguddiodd rhag trais ei elynion ar derfyn Rhyfel y Rhosynau, yn un o'r llefydd mwyaf ofnadwy yng Nghymru fawreddog.

Arweiniodd ni oddi yno at ffermdy Coed y ffynnon. Y mae pren ym muarth y lle hwn a blanwyd yr un dydd ag y pregethodd y Parch Peter Williams gynt yn y gogledd mewn lle gyferbyn yn ochr Capel Garmon. Y mae y pren yn fforchi yn y brig, a sylwodd un o'r beirdd fod hynny yn arwydd o'r Methodistiaid Cymreig a'r Presbyteriaid Cymreig hefyd! Cawsom garedigrwydd neilltuol gan deulu caredig y lle hwn; arweiniwyd ni drwy holl ystafelloedd y tŷ prydferth, pa rai y cafwyd eu trawstiau a'i swmerau o hen eglwys a fu unwaith ar y llethr islaw.

Wedi bwyta yn helaeth o fara ceirch a chaws yn Coed-y-ffynnon, aethom at y maen sigl pa un sydd ar fryn y tu cefn i'r tŷ. Gorchest go fawr oedd esgyn hon

– buom mewn poen dirfawr yn cael Alfardd i fyny. Safai pump ohonom ar ei ben ar unwaith, a Gethin yn ei siglo odanom. Wedi gwrandaw ar Alfardd yn adrodd hanes yr ieuengctid derwyddol yn caru a phriodi wrth y maen sigl ymaith a ni drwy hewl y Fedw Deg, hen gartref y Cethiniaid, at Bwlch y maen. O'r fan yma gwelem fynwent hen eglwys Tyfyn, a llwch y cenhedloedd wedi duo yr aradfaes islaw.

Yr oeddem erbyn hyn yn tynnu tua'r Tŷ Mawr, gwrthrych ein chwilfrydedd. Fel yr agosem ato, tybiem fod sŵn y cornentydd yn lleddfu

'a'r awelon yn torri'i wylo'

o bob cyfeiriad i'n croesawu am ein parch mawr i'r anfarwol Dr Morgan. Wedi cyrraedd y Tŷ Mawr, yn Nant y Wiber, y fan anwyl ond diarddun lle genedigaeth gwrthrych ein pererindod, cawsom lawer wedi cwrdd ynghyd – gwyr a gwragedd, gwyryfon a llangciau, oll yn awyddus fel ninnau i barchu y fan, i edmygu mawredd yr ysgolor nodedig a fagwyd yno. Wedi chwilio y tŷ drwyddo (nid oes neb yn byw yno nawr) yr hwn a ffurfir o bum ystafell, dwy i lawr a thair i fyny, cynnaliasom gyfarfod o dan lywyddiaeth ein harweinydd, Mr Cethin Jones. Canwyd yn gyntaf 'Hen Wlad fy Nhadau', yr alaw gan Mr William Roberts, Penmachno, a'r dorf yn uno yn y cydgan. Ymadroddodd Cethin y pennill tlws canlynol

Rhown barch i'r garreg aelwyd
Lle siglwyd gynt y cryd;
Rhown barch i'r hen anedd-dy
Fendithiodd Cymru i gyd,
Nid oes un cenedlgarwr
Heb barchu'r hen Dy Mawr
Edmygir ef gan Gymru
Dros ganllaw'r Nef i lawr.

Darllenwyd hefyd amryw o englynion a ddanfonwyd gan Doged i fawrhau y Doctor. Wedi i Alfardd grybwyll am y cais am fywyd y Frenhines y dydd cyn hynny, canasom 'Duw cadw ar bob awr' ac ymadawsom wedi cael taith, golygfeydd a chyfarfod nad anghofiwn byth. Wedi cyrraedd y Betws yn ôl, gwelsom amryw wedi colli y cychwyn, y rhai a aethant i swper yr orymdaith i dy Dewi Crwst, a throisom ninnau tuag adref.

Baner ac Amserau Cymru
13 Mawrth 1872

Sonia'r adroddiad am 'gais ar fywyd y frenhines y dydd cynt', felly mae'n debyg mai cyfeirio a wna at ymgais ar deyrn-laddiad gan weriniaethwr o'r enw Arthur O'Connor ar y 29ain o Chwefror y flwyddyn honno. Neidiodd ar ochr cerbyd y frenhines Victoria cyn cael ei dynnu oddi yno gan ei gwas ffyddlon, John Brown, a hynny, meddid, a achubodd ei bywyd.

Yn ôl cyfrifiad 1871 ac 1881 doedd neb yn byw yno a disgrifiwyd y lle fel adfail mewn adroddiadau papur newydd o'r cyfnod. Ategir hynny gan Gethin Jones, y bardd, adeiladydd a hynafieithydd o Benmachno yn ei draethawd (1865) ar hanes y plwyf,

'Gresyn fod yr hen dŷ wedi ei adael mor ddrwg ac adfeiliol yr olwg arno, ac na wneir twr ardderchog yn gof am y gŵr enwog a siglwyd ac a suwyd i gysgu, pan yn faban diniwed, oddifewn i'w furiau'.

Ond, yn ôl adroddiadau yn y wasg o'r 1880au, roedd newid ar ddod.

Ym Mehefin 1881, gwelir yr adroddiad hwn yn *Llais y Wlad*,

'Dydd Sul diwethaf, am ddau o'r gloch y prydnawn, cynhaliwyd cyfarfod brwdfrydig a phoblogaidd yn Ewybrnant wrth dalcen yr hen Dy Mawr, lle genedigol yr hyglod Dr William Morgan. Dyben y cynulliad oedd rhoddi cychwyniad i drysorfa genedlaethol er codi cof-golofn ardderchog i'r Esgob.'

Yn ôl yr adroddiad Gethin Jones oedd 'blaenor y symudiad hwn ym mhlwyf Penmachno'. Anerchwyd y dyrfa o gefn trol, a chyda rheithor Penmachno, y Parch J. Jenkyns, yn llywyddu pasiwyd cynnig y Parch D. Owen Jones, Gweinidog Wesla'r pentref, wedi ei eilio gan y

Parch Thomas Levi, Gweinidog y Tabernacl, Aberystwyth, y dylid sefydlu cronfa genedlaethol.

Dywedodd Thomas Levi yn ei araith nas gwyddai yn sicr y flwyddyn yr adeiladwyd yr hen dŷ ond gobeithiai y byddai ganddo ateb cyn hir 'canys bu'm yma rhyw chwech wythnos yn ôl, ac aethym a rhai hoelion yr hen dy ymaith, ac anfonais hwy i broffeswr medrus, yr hwn, ond odid, a all hyspysu pryd yr adeiladwyd y tŷ, a phwy a fu'n gyrru'r hoelion (cymeradwyaeth)'. Diwedda'r adroddiad gyda'r sylw gogleisiol, 'da oedd gennym weld y Parchedig Mr Jenkyns yn gallu gwneud ei hun yn rhydd yng nghanol ei frodyr Ymneillduol'!

Yn ôl Gethin Jones 'enynnodd (y cyfarfod) tipyn o ddiddordeb ond ddim llawer o gefnogaeth ariannol' felly ni wireddwyd y freuddwyd o godi cofgolofn. Ond efallai i'r cyfarfod ysgogi eraill i weithredu.

Stad y Penrhyn oedd yn berchen ar Dŷ Mawr ers 1854 ac i ddathlu tri chanmlwyddiant y cyfieithu yn 1888, adferwyd y tŷ gan Arglwydd Penrhyn. Er y gwerth mawr i hynny, roedd sawl peth yn anfoddhaol. Gosodwyd llechen goffa gyda'r ysgrifen yn Saesneg yn unig, nodwyd dyddiad geni William Morgan yn anghywir, 1541 yn hytrach na 1545 (er dyna a dybid ar y pryd), cam-enwyd y cwm yn Gwibernant a defnyddiwyd llechi anghydnaws â'r ardal o Fethesda ar gyfer y to!

Fel rhan o ddathliadau'r tri chanmlwyddiant, cynhaliwyd cyfarfod yn yr Amwythig i lansio apêl goffa a chafwyd digon o arian i godi cofgolofn yn Llanelwy i goffau wyth o'r cyfieithwyr cynnar – ac i gynnig £100 o wobr am draethawd ar William Morgan. Derbyniwyd saith o gynigion ac er mai traethawd Saesneg gan Thomas Evan Jacob o Lundain gafodd y wobr, dyfarnwyd bod tri 'yn deilwng o ganmoliaeth arbennig', gan gynnwys yr unig un yn y Gymraeg, o waith Charles Ashton. Cyhoeddwyd hwnnw yn 1891, wedi ei argraffu yn Nhreherbert.

Beth bynnag am ymgais Thomas Levi i ddyddio'r hen dŷ yn ôl yr hoelion, trwy ddefnyddio dendrocronoleg, y dechneg o ddehongli cylch-flwyddi, mae arbenigwyr erbyn hyn yn gallu dweud i'r cyplau trawst sy'n cynnal to Tŷ Mawr ddod o goed a dorrwyd yn 1565. Ond gan mai honno yw'r union flwyddyn y gadawodd William am Gaergrawnt, byddai ef felly wedi ei fagu mewn tŷ gwahanol iawn a llawer mwy cyntefig; neuadd-dy canoloesol un-llawr fyddai hwnnw, a'r brif ystafell yn

Yr hen garreg goffa

agored i'r to gyda thân agored di-simnai ar ganol y llawr.

Roedd y tŷ newydd a adeiladwyd gan ei dad, John ap Morgan, ar safle'r hen dŷ, yn dŷ sylweddol, tŷ is-ganoloesol o'r math a elwir yn Dŷ Eryri. Roedd y rhain yn dai deulawr cadarn, efo grisiau mewnol, mynedfa tua chanol yr adeilad a lle tân efo simnai. Tai i'r mân uchelwyr a'r ffermwyr cyfoethocaf oedd y rhain, a'u hadeiladu'n arwydd o ffyniant a sefydlogrwydd cyfnod y Tuduriaid o gymharu â helyntion a chythrwfl y ganrif flaenorol.

Felly, fel a nodwyd eisoes, er mai tenant i Wydir oedd John ap Morgan nid tlotyn mohono. Mae'r enw – Tyddyn Mawr ym Mlaen Wybrnant yn ôl llyfr rhent cynharaf Gwydir (1568) – yn awgrymu bod iddo bwysigrwydd lleol gan fod Tŷ Mawr yn cael ei ddefnyddio ar gyfer tai o amlygrwydd cyn i'r enw Plas ddod yn ffasiynol. Roedd, ynghyd â thiroedd helaeth yn Nolwyddelan, yn rhan o stad Gwydir, ond eiddo ar les gan y Goron oedd y tiroedd hyn. Byddai'r les yn cael ei

hadnewyddu'n rheolaidd, ond roedd yn achosi dryswch o ran y berthynas rhwng Gwydir â'u tenantiaid a'u hawliau hwythau.

Mae tystiolaeth bod William Morgan wedi etifeddu Tŷ Mawr a thiroedd eraill gerllaw. Yn 1590 bu achos llys rhwng y Stad a thenantiaid trefgordd Wybrnant wedi i Syr John Wynn geisio codi eu rhenti i lefel fasnachol. Ond dyfarnodd Llys y Siecr o blaid y tenantiaid gan gadarnhau bod y drefgordd yn arfer bod yn dir y goron a bod hawl barhaol ganddynt i brydles etifeddol ar rent isel. O ganlyniad, talai William Morgan £4 y flwyddyn am y brydles ond gosodai ei diroedd am £24 y flwyddyn!

Cadarnhawyd y penderfyniad yn 1616, ac mae cofnod o'r achos hwnnw'n nodi bod 'William Morgan, Doethor mewn Diwinyddiaeth, ar adeg y gorchymyn (sef 1590) yn denant ... tiroedd oddi mewn i drefgordd Wybrnant sydd nawr ym meddiant Ieuan ap Morgan, Meistr yn y Celfyddydau, cefnder ac etifedd y dywededig William Morgan'.

Tua canol yr ail ganrif ar bymtheg, yn ôl cofnodion Treth yr Aelwyd, roedd i Dŷ Mawr ddwy aelwyd, sef dau le tân a dwy simnai yn y naill dalcen a'r llall – tystiolaeth bellach o'i statws, gan mai tuag un ym mhob pump yn unig o'r tai a gofrestrwyd ar gyfer y dreth oedd efo mwy nac un lle tân.

Bratiog ac anghyflawn yw'r wybodaeth am bwy oedd yn byw yn Nhŷ Mawr yn yr ail ganrif ar bymtheg a'r ddeunawfed. Yn 1625, er enghraifft, mae cofnod i Griffith Robert o Wybrnant gymodi rhwng dau gymydog mewn achos o hawl tramwyo ar draws rhyw gae ac yn 1648 nodir mai Agnes ferch Richard oedd tenant 'Y tythyn mawr in Blayn Wybrnant'. Parhaodd un hen arfer am flynyddoedd lawer; mor ddiweddar â 1779 cofnodir bod trigolion Wybrnant yn talu rhenti fel 'natives (sef tenantiaid caeth) of Dolwyddelan'.

Tŷ Mawr yn noethni'r gaeaf

Roedd y Wynniaid wedi ehangu eu heiddo yn nyffryn Lledr a Wybrnant trwy gymryd tiroedd ar les gan y Goron, fel arfer am gyfnod o 21 mlynedd ar y tro. Yn 1626 prynodd Syr John y tiroedd hyn i wneud ei hun yn berchennog llawn ond yna yn 1678, wedi priodas ei or-wyres, Mary Wynn, â Robert Bertie, Arglwydd Ancaster yn ddiweddarach, llyncwyd y cyfan gan y stad enfawr honno gyda'i phencadlys ymhell i ffwrdd yn Swydd Lincoln.

Cadwyd yr enw Stad Gwydir ar feddiannau'r teulu yn nyffryn Conwy ond ni roddwyd llawer o sylw i'r tiroedd diarffordd hyn, a rhywdro rhwng 1779 a 1784 gwerthwyd y ffermydd yn Wybrnant a Glasgwm i'r de o Bwll-y-gath i Syr Watkin Williams Wynn o Wynnstay, un o dirfeddianwyr mwyaf Cymru.

Yn 1827 prynodd Syr Edward Pryce-Lloyd, Arglwydd Mostyn wedyn, nifer o ffermydd gan gynnwys Talar Gerwin a Thŷ Mawr am £1,950. Mae cofnodion Pennu'r Degwm yn 1839 yn cadarnhau ei fod yn dirfeddiannwr sylweddol yn yr ardal, yn berchen ar 22 o ffermydd a thros 3800 acer ar draws plwyf Penmachno.

Enwau Caeau blaen Wybrnant – Arolwg Degwm, 1839

Yn ôl yr arolwg, roedd y tir o amgylch Tŷ Mawr yn rhan o ffermydd Tŷ Coch a Thalar Gerwin. Mae'r enwau yn union fel maent wedi eu cofnodi gan yr arolwg. Nodir (705 isod) yr enw Tŷ Nant ar gyfer adeilad ar y safle lle mae Glan-yr-afon heddiw. Rhif 704 yw Cae Coeden Owen – gweler tud. 18. (*)

Talar Gerwin

689	Bryn Engen
690	Buarth tan y Beudy
691	Buarth tan y Wal
692	Buarth Bryn Engen
693	Buarth Newydd
694	Gwaen Bowlie
695	House and Yard
696	Cae Mawr
697	Wood in Cae Mawr
698	Wood in Cae Mawr
699	Vron Mieri
700	Coed Bach
701	Buarth Coed Defaid
702	Erw in Coed Mawr
703	Coed Mawr
704	Coeden Owen
705	House ty Nant
707	Croft
723	Doppoy?
724	Echwynog
725	Herber
726	Meadow in Herber
728	Fawnog Goch

Tŷ Coch

706	Pen Isa'r Heol and Ty Mawr Yard
708	Buarth Mochyer
708A	Ty Mawr House and Garden
709	Tan y feisdom
710	Buarth y Fedw
711	Fedw
712	Buarth Gwyn Isa
713	Buarth Gwyn Ucha
714	Buarth Newydd
715	Batting
716	Blaen Cae Ucha
717	Blaen Cae Isa
718	Erw Galed Ucha
719	Erw Galed Isa
720	Cae Ty Coch
721	House and Garden
722	Bryn

Llun tudalen 28 Pwll-y-gath a'r Fawnog Goch – gweler rhif 728

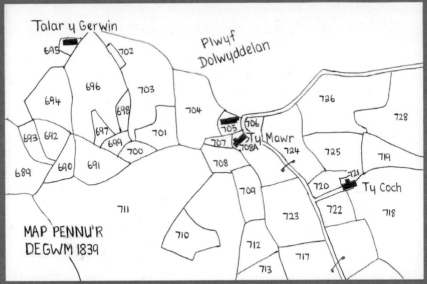

Map Pennu'r Degwm 1839

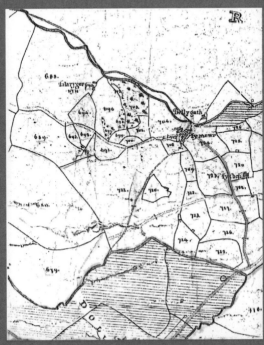

Map gwreiddiol 1839

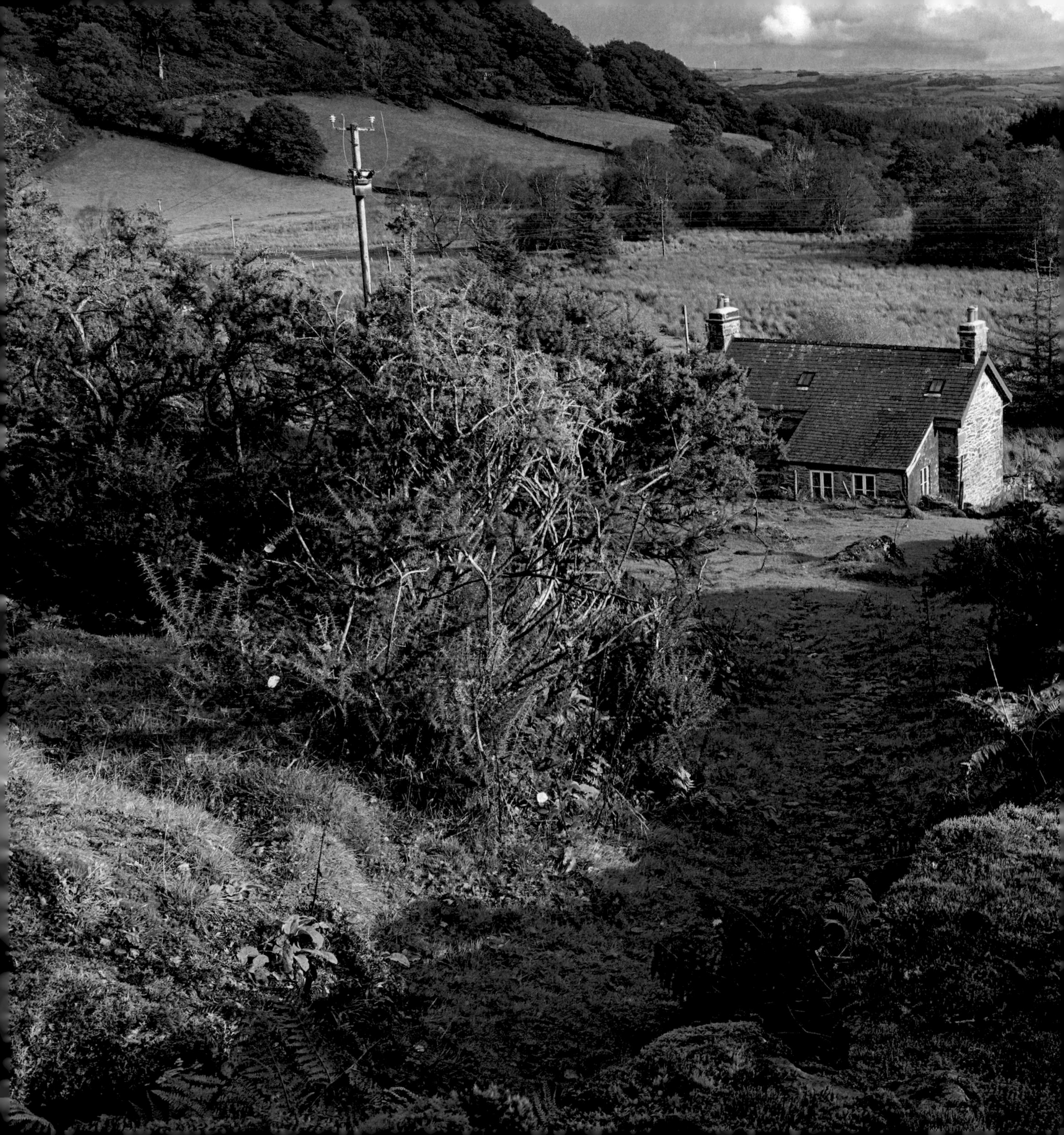

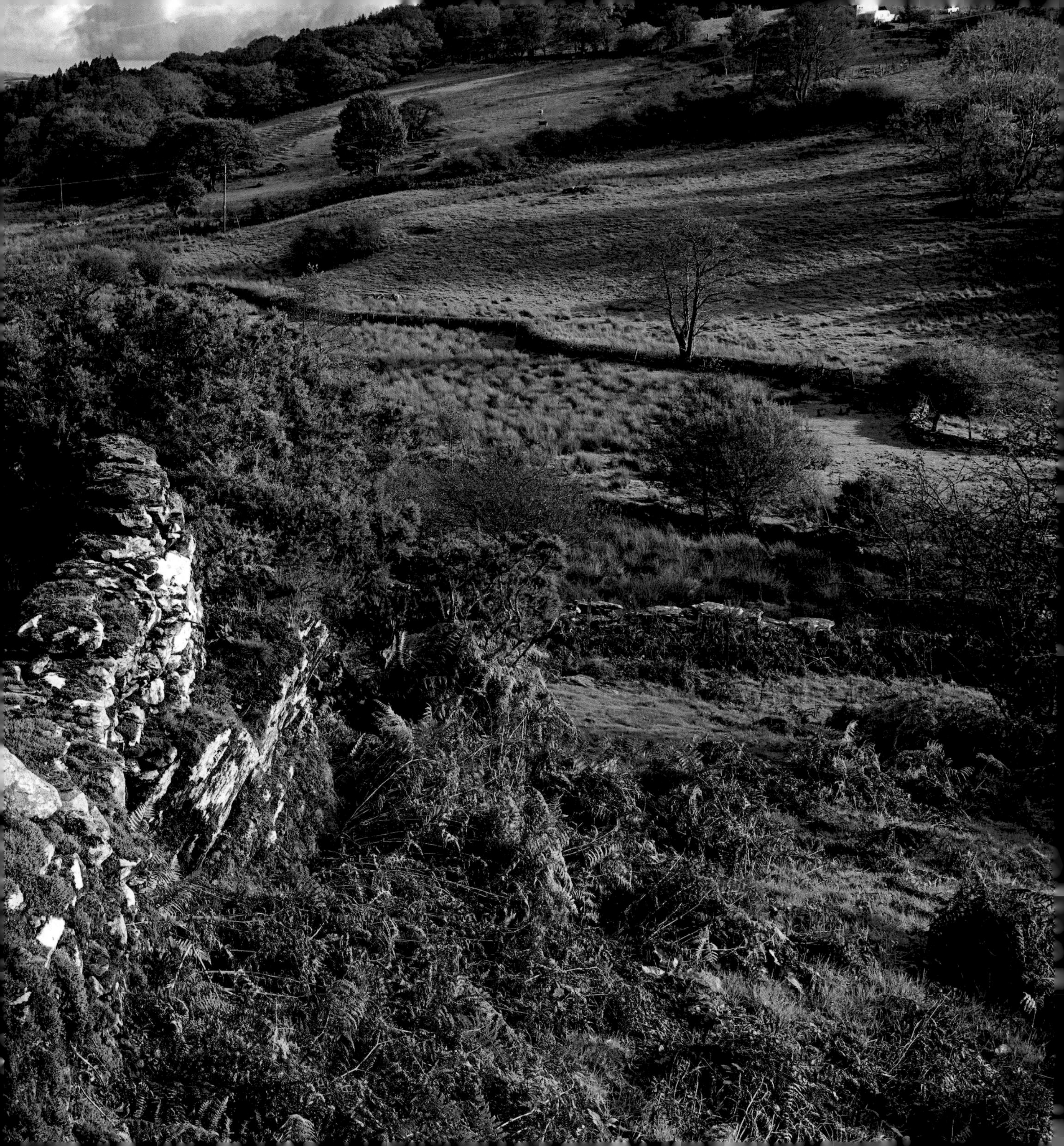

Yn ôl yr arolwg hwnnw, nid oedd Tŷ Mawr yn ffarm annibynnol. Cofnodir 'Ty Mawr House and Gardens' (ar safle'r Tŷ Mawr presennol) a thŷ arall wedi ei gofnodi fel 'Pen Isa'r heol a Ty Mawr yards', gyda William Jones yn dal y ddau le fel tenant i Arglwydd Mostyn. Roedd William Jones ei hun yn byw gyda'i wraig, pedwar o blant rhwng 17 a 26 mlwydd oed ac un forwyn yn Nhŷ Coch ac yn ffarmio 307 acer – er mai dim ond 22 acer a ddisgrifir fel tir âr.

Cadwodd William Jones y denantiaeth tan o leiaf 1871; yn ôl Cyfrifiad y flwyddyn honno roedd yn ŵr gweddw 85 mlwydd oed yn ffarmio gyda'i ddau fab di-briod, David yn 37 a Thomas yn 32, a dwy forwyn, un ohonynt, Catherine Parry, yn ddim ond 13 mlwydd oed.

Roedd y tir o amgylch Tŷ Mawr yn rhan o ffarm Talar Gerwin, 221 acer gyda tuag 16 yn dir âr, a Thomas Pierce yn denant. Nid yw ei enw ef yn ymddangos yng nghyfrifiad 1841; nodir yn unig enwau Catherine Pierce, 29 mlwydd oed, a phedwar o blant rhwng 10 a 18 mlwydd oed. Efallai fod Thomas oddi cartref ar noson y cyfrif.

Yn 1841 Robert a Jane Roberts, 45 a 38 mlwydd oed, a'u plant Robert (12), Ann (7) a Griffith (9 mis) oedd yn byw yng Nglanrafon. Disgrifir ef fel ffarmwr er nad oedd tir yn cael ei ddal yn enw Glanrafon. Erbyn 1851 y preswylwyr oedd William (40), labrwr amaethyddol, a Jane (34) Williams a'u plant Ellen (6), Richard (4), John (2) a William (2 fis) ynghyd â morwyn, Mary Thomas, 16 mlwydd oed. Nid oes cofnod o Glanrafon mewn Cyfrifiad wedi hynny.

Roedd dau deulu'n byw yn Nhŷ Mawr yn 1841. William Williams, chwarelwr 40 mlwydd oed a'i wraig Ellen (55) a dau o blant, Robert (15) a William (5) oedd un teulu. Roedd y teulu arall yn cynnwys labrwr amaethyddol o'r enw Richard Williams (55), ei wraig Jane (50), ei blant Pierce (17) a John (12) ynghyd â Robert ac Elizabeth Roberts. Chwarelwr 25 mlwydd oed oedd ef ac, er na nodir hynny, efallai fod Elizabeth, 22 mlwydd oed, yn ferch i Richard a Jane.

Roedd tŷ ychwanegol ar un adeg ynghlwm wrth dalcen deheuol Tŷ Mawr sef y Tŷ Mawr Bach. O graffu'n ofalus ar yr hen lun ar dudalen 20, gellir gweld murddun wrth dalcen Tŷ Mawr ac olion wal gyda chorn simnai. Mae'n debyg felly mai yno yr oedd un o'r ddau deulu'n byw.

Tra bod Tŷ Coch a Thalar Gerwin wedi parhau'n ffermydd (150 a 100 acer yn ôl Cyfrifiad 1861) weddill y bedwaredd ganrif ar bymtheg, parhaodd Tŷ Mawr yn dŷ heb dir gydag un teulu'n unig yn byw yno. John Hughes, chwarelwr 42 mlwydd oed a'i wraig Catherine a'u merch Jane (4) oedd y preswylwyr yn 1851. Chwarelwr llechi o'r enw William Williams (28), Jane, ei wraig 23 mlwydd oed, a'u plant Ellen (4) ac Elizabeth (2) oedd yno ddeng mlynedd yn ddiweddarach.

Nodwyd eisoes nad oedd neb yn byw yno yn 1871 ac 1881 ond wedi i Stad y Penrhyn adnewyddu Tŷ Mawr ddiwedd yr 1880au gellid gosod y lle i denantiaid unwaith yn rhagor. John Roberts, 68 mlwydd oed, labrwr cyffredinol, ei wraig Mary (63) a'i ferch Elizabeth oedd y trigolion yn 1891. Yn 1901 roedd Mary ac Elizabeth yn dal i fyw yno, a'r fam erbyn hynny'n wraig weddw, yn cael ei disgrifio fel un a oedd yn 'byw ar ei modd ei hun'. Ni allwn ond dyfalu mai modd digon llwm a fyddai gan weddw i labrwr. Unwaith eto, nid oes cofnod o neb yn byw yno yng Nghyfrifiad 1911.

Ymddengys nad oedd llawer o sylw i Dŷ Mawr ar ddechrau'r ugeinfed ganrif yn ôl yr hyn a ddywed y Parch. O. Selwyn Jones yn Y Goleuad (11 Hydref 1922). 'Ychydig iawn o bobl mewn blwyddyn gyfan,' meddai, 'aiff heibio'r lle i weld y maen coffa oherwydd safle anhygyrch yr hen amaethdy.' Ac er mor arbennig yw ei leoliad neilltuedig, mae hynny hefyd yn parhau i fod yn anfanteisiol o ran denu niferoedd yno. Wrth gwrs, tŷ cyffredin oedd Tŷ Mawr ar hyd y blynyddoedd, efo dim ond y garreg wallus (o 1888 ymlaen) i nodi'r cysylltiad â William Morgan.

Hyd yn oed ganol yr ugeinfed ganrif, roedd ymdeimlad o anturio wrth ymweld â Thŷ Mawr:

> Cychwynasom (o Benmachno) fel rhai'n mentro ar antur go fawr, ac yn wir yr oedd pethau diddorol o'n blaenau … Ar ôl dringo'r rhiw serth drwy'r fforest drwchus a'r cerrig yn tasgu o dan ein holwynion daethom i wlad agored. Nid oedd porfa fras iawn i ddafad nac arall ar y rhostir noeth hwn. Yn anffodus daeth y glaw, cydymaith cyson haf '58 … Oni bai amdano byddai yno olygfa dda yn ddiamau i'w gweld o'r topiau hyn. Teimlem ein bod ar ben y byd ac yn wir yr oedd rhai o'r cymylau'n llythrennol islaw inni. Ac mewn lle unig, mor unig â Hengwmannedd neu Soar y Mynydd, o leiaf felly y tybiem wrth foduro'n ofalus trwy'r glaw ar hyd ffordd glonciog.
>
> *Myfi Williams*, Cartrefi Enwogion,
> *Gwasg y Brython, 1960*

Ymwelydd arall tua'r un adeg oedd Alun Llywelyn-Williams, ar gyfer ei gyfrol *Crwydro Arfon* a gyhoeddwyd yn 1959. Cyrraedd yno mewn car o Benmachno wnaeth yntau, gan ganmol y ffordd newydd roedd y Comisiwn Coedwigaeth newydd ei hadeiladu. Roedd wedi moduro

i'r Wybrnant o'r blaen, o gyfeiriad Pont Lledr a 'heibio i Bont Rhydyrellyll a than goed y Fedw Deg … a gyda gofal a pheth petruster yn cyrraedd capel Cyfyng' ac yna 'hwb nerthol dros riw serth a dyna'r Wybrnant. Ond gwaethygodd wyneb y ffordd hon yn arw mewn mannau yn ystod y blynyddoedd diwethaf, ac ni fuaswn yn cynghori'r modurwr sy'n parchu ei gar i fentro arni.' Dyna gyngor sydd yr un mor berthnasol yn 2022!

Synnwyd ef hefyd gan yr olygfa wedi cyrraedd brig y gefnen o Benmachno a chael 'cip draw i'r chwith dros blanhigfa o goed ifainc isel ar greigiau'r Ro Lwyd a Phigyn Esgob, golwg draw i'r dde ar hafn goediog, ddofn dyffryn Lledr, ac o'r rhyfeddod o'm blaen! – dros y nentydd a'r trumau cyfagos, draw yn y pellter, dacw gopaon y Carneddau, yn wyn dan eira, yn ymddyrchafu fel Alpau'n wir o'r fan hon y dwthwn hwn'.

Tŷ Mawr yn 1957

Daeth Tŷ Mawr i feddiant yr Ymddiriedolaeth Genedlaethol yn 1951 a gosodwyd y lle ar rent i wahanol denantiaid yn ystod y pump a'r chwe degau. Aed ati i gyflenwi trydan a dŵr i'r tŷ ond, ar wahân i gwpwrdd arddangos bychan, ni wnaed fawr ddim o ran cofio am yr Esgob William Morgan. Doedd dim trefniant ffurfiol ar gyfer denu a chroesawu pobl yno, er y byddai'n bur brysur dros yr haf gydag amryw yn ymweld ond llawer yn gresynu am y diffyg darpariaeth yno.

Daeth newid yn bennaf o ganlyniad i bwyso lleol. Sefydlwyd pwyllgor i hyrwyddo'r syniad o sefydlu amgueddfa a bu ymgyrchu brwd dan arweiniad Miss Myfanwy Williams, Glasgwm a oedd yn hanu o deulu amlwg ym Mhenmachno. Ei thad, Michael Williams, oedd y meddyg lleol ar droad yr ugeinfed ganrif ac ef oedd cadeirydd cyntaf Cyngor Plwyf Penmachno a chadeirydd Bwrdd Rheoli cyntaf ysgol gynradd y pentref a agorwyd yn 1909. Wedi marwolaeth ei thad, bu Miss Williams yn aelod amlwg o'r Rheolwyr weddill ei hoes, cyfnod o drigain mlynedd.

Diolch i'r ymdrechion hyn trowyd un ystafell yn amgueddfa yn 1960 a chafwyd afael ar beth dodrefn hynafol yr olwg (er nad o gyfnod William Morgan) ynghyd â chopi o Feibl 1620. O dipyn i beth dros y blynyddoedd cafwyd mwy o ddodrefn ar fenthyg a rhai Beiblau cynnar – ond nid Beibl 1588 – i'w harddangos. Ond prin bod un ystafell fechan fel rhan o ffermdy a oedd yn gartref i deulu yn goffâd digonol i rywun mor bwysig yn ein hanes.

Gwnaed iawn am hynny ar gyfer dathliadau 1988. Adeiladwyd tŷ newydd ond hynafol yr olwg ar safle hen fwthyn Glan-yr-afon gerllaw – dros y Wybrnant ac felly dros y ffin ym mhlwyf Dolwyddelan – yn gartref i'r curadur. Gellid wedyn fynd ati i dynnu o Dŷ Mawr holl olion addasiadau'r bedwaredd ganrif ar bymtheg a'r ugeinfed, yn barwydydd a lloriau mewnol, yn ddrysau a ffenestri ac, wrth gwrs, pethau fel pibellau dŵr a gwifrau trydan. Defnyddiwyd llechi Ffestiniog ar y to wedi eu tynnu o hen adeilad ffarm a'u gosod gyda phegiau pren, derw lleol o dir yr Ymddiriedolaeth Genedlaethol

ynghyd â cherrig ail-law o hen adeiladau yng nghyffiniau'r tŷ a morter o galch poeth a sglodion llechi wedi ei baratoi mewn tawdd-dwll mewn cae cyfagos i ail-greu rhywbeth yn debyg i'r tŷ gwreiddiol.

Am ddeng mlynedd ar hugain wedyn yr un fyddai'r patrwm, gyda cheidwaid yn byw yng Nglan-yr-afon ac yn gyfrifol am agor Tŷ Mawr a'r amgueddfa a sefydlwyd yn yr hen ysgubor am rai dyddiau penodedig bob wythnos dros fisoedd y gwanwyn a'r haf a chroesawu'r ymwelwyr yno. Mae'n amlwg o atgofion y ceidwaid iddynt oll ystyried hynny'n fraint ac anrhydedd a llwyddwyd dros y blynyddoedd i grynhoi yno gasgliad rhyfeddol o Feiblau mewn gwahanol ieithoedd o bob rhan o'r byd.

Cornel Goffa William Morgan

Wybrnant o'r llwybr i Ddolwyddelan

Glan-yr-afon a'r amgueddfa yn yr hen sgubor

PWY BIAU WILLIAM MORGAN?

Troi at Drydar a'r cyfryngau cymdeithasol eraill y bydd pobl ein dyddiau ni, os oes natur ffraeo yn perthyn iddynt, i gael rhwydd hynt i enllibio a bytheirio. Defnyddio'r papurau newydd lleol fyddai pobl o'r un anian ers talwm!

Cafwyd dadl chwerw o'r fath ar dudalennau'r *Faner* yn 1872 ynglŷn â pha blwyf allai hawlio William Morgan – Dolwyddelan neu Benmachno.

Elis o'r Nant, gŵr nad oedd ffraeo'n ddiarth iddo, wthiodd y cwch i'r dŵr yn rhifyn yr 21ain o Fedi a hynny mewn erthygl ar H. M. Stanley o bawb, gan honni mai 'gŵr genedigol o Missouri ydyw Stanley' ond bod Cymru yn ei hawlio yn yr un modd, meddai, ag yr oedd Penmachno'n hawlio William Morgan:

Felly y mae pobl Penmachno wedi gwneud a Dr Morgan gan ignorio *tystiolaeth hen* historians *Cymraeg fel Syr John Wynne o Wydir ac eraill. Cael y Dr oedd y cwestiwn, dim haden o wahaniaeth pa sut. Gadawer i bobl Dolyddelen fyned i'r man y mynent i* loffa *enwogion, ni chant (sef pobl Penmachno) mo'u Dr Morgan, o ba rai y perthyna yn wreiddiol.*

Daeth ateb wythnos yn ddiweddarach gan Rhys Wyn, yn dadlau o blaid Penmachno:

Ond am ein Dr Morgan, gormod o orchest hyd yn oed i Elis o'r Nant ydyw ei wneud ef yn feddiant i bobl Dolyddelen. Yr wyf yn synu fod ei synnwyr cryf (?) wedi caniatau iddo erioed roddi y fath ffwlbri wag a disail ar ddalenau Y Faner. Mae gennyt waith mawr i edifarhau, gyfaill. Nid wyf yn gwybod i mi glywed neb yn meiddio dweud y fath beth, ond ambell un a

drwg anfeddyginaethol ar ei grebwyll. Taw biau hi, boys!

A'r un Rhys Wyn sy'n parhau i gorddi yn rhifyn y 9fed o Dachwedd:

> *Y fath wb sybwch a sŵn*
> *A wnaeth cicio nyth cacwn!*

Gwarchod pawb! Y mae 'Orŵyr i Dr Morgan' yn y FANER er's ychydig yn ol wedi penderfynu ymwingo o'r dinodedd ym mha un yr oedd yn ymdroi trwy gydol ei oes … y mae gennyf innau braidd awydd 'dal dy drwyn ar y maen llifo' hyd nes y bydd i ti waeddu, 'Pechais.'

Dylai urddasolion cogaidd 'Ellen' roddi pob cefnogaeth i'r 'Orŵyr' fyned ymlaen gyda'i efrydiaeth … (fel) yr ymleda ei glod dros holl … wlad y dychymmygion a'r cyfeiliornadau ac y bydd iddo o hyn i ddydd Gŵyl Dallhuan newynog coedwigoedd y Diosgydd gael ei wneud yn frenin ar holl gornchwiglod deillion, a chigfranod cloffion corsydd tragwyddol leidiog gwlad ei enedigaeth.

Heb wneud rhagor o sylw ar ei 'reffyn pen bawd'… gadawaf i'r esboniwr byd enwog, sef Dr Lewis, lefaru 'William Morgan, gŵr o ran ei enedigaeth o'r Wibernant ym mhlwyf Penmachno … ' Fy nghyngor iddo, yn hytrach na bradychu dim chwaneg o'i anwybodaeth dybryd ydyw, ar iddo ymgilio yn ddistaw bach i'w unigedd … ac yna, fe allai, y daw ychydig ato'i hun. Ac felly gwnaf finnau

> *Dosturio a pheidio rhoi ffon*
> *Ar ei war – mae'n rhy wirion.*

Wrth gwrs, doedd dim disgwyl i gefnogwyr Dolwyddelan gadw'n dawel. 'Orŵyr Dr Morgan' sy'n ymateb, a hynny gydag arddeliad, yn rhifyn y 30ain o Dachwedd:

Yn sicr ydyw mai etifeddiaeth berthynol i Wydir oedd y Wibernant y pryd hwnw (adeg William Morgan) ac mae rhan o blwyf Dolyddelen ydoedd hefyd.

Yr oedd hen ŵr yn byw ym Mhlas y Glasgwm ers oddeutu pedwar ugain i gan mlynedd yn ol ... a rhyw ddiwrnod, pan welodd y mesurwyr (surveyors) yn gwneud rhaniadau a threfn ar blwyfydd, dywedai eu bod yn mesur pob man a phob gwrthrych, a gwnaeth benillion i'r mesurwyr, ac y mae un ohonynt rywbeth yn debyg fel a canlyn:

'Ni synwn i ronyn, pe gwelwn y creadur,
Rhwng deufur yn mesur fy muwch.'

A dyna adeg pryd y cymerwyd rhannau o'r cwm hwn at blwyf Penmachno. Os ceir sicrwydd mai i ganlyn plwyf Dolyddelen yr oedd yn nyddiau y Dr., yna Dolyddelen neu Dolyddeliaid yw cyfiawn feddianwyr y Dr. Morgan ...

Gwelsom Rhys Wyn yn ceisio dweud rhywbeth, ond nis gwyddom pa beth a geisiai ato cymaint a ellir ei ddeall o'i nodiadau ydyw ei fod yn bygwth Dr ... ar ein gwarau. Ond i ba beth y gosododd enw Dr. uwch ei ben, nid oes neb person a all ddyfalu o lan afon Dyfi i lan afon Menai. Ond nid wyf am wneud ychwaneg o sylw o hyn, nac am fyned i erlyn ar ei ôl:

Ni eill y byd na'i dwyll o'i ben,
Yrru llew ar ôl lleuen.

Rhag i bethau boethi ymhellach penderfynodd y Golygydd (fel yn achos llawer o ddadleuon o'r math yma) ymyrryd trwy ddatgan:

'Ni chyhoeddwn ragor ar y mater hwn'!

Trwy gyfeirio at y trigolion fel 'urddasolion cogaidd Ellen', roedd Rhys Wyn yn adleisio'r hen honiad mai gwlad y gog yw Dolwyddelan, ac mae rhai'n cofio o hyd am y cystadlu ffyrnig ar gae pêl-droed neu lwyfan Eisteddfod rhwng 'gwcws' Dolwyddelan a 'moch' Machno!

Y gwir yw fod Tŷ Mawr o fewn plwyf eglwysig a sifil Penmachno – ond yn llythrennol o ychydig lathenni'n unig! Ffrwd y Wybrnant ei hun sy'n dynodi'r ffin, sy'n golygu fod Glan-yr-afon, rhyw fymryn yr ochr arall i'r nant, ym mhlwyf Dolwyddelan. Ac un o'r ochr honno, o Dan-y-clogwyn, oedd Elis o'r Nant hefyd sydd, efallai, yn egluro ei safbwynt ef yn y ddadl!

Ar y llaw arall, roedd sail i ddadleuon y 'Dolyddeliaid'. Yn ôl y *Record of Caernarvon*, 1352, perthynai cwm y Wybrnant, a rhan o gwm Glasgwm dros y grib i'r de, i drefgordd gaeth ganoloesol Dolwyddelan. Roedd strwythur y trefgorddau hyn yn parhau i'r unfed ganrif ar bymtheg ac, er bod natur y tirddeiliadaeth yn brysur chwalu, mae'n amlwg fod y cysylltiad â Dolwyddelan wedi aros yn fyw ar gof gwlad am genedlaethau.

Efallai mai'r ffordd orau o dynnu pen y mwdwl ar y ddadl yw dweud fod William Morgan yn perthyn i Gymru gyfan!

POBL TŶ MAWR

1927–1954	David a Gwen Ellis
1954–1956	Evan ac Edith Evans
1957–1968	Gwilym a Margaret Lewis
1969–1971	Alun a Jenny Meryl Jones
1971–1977	Phyllis a Victor Evans
1980–1993	Iola Wyn a Joseph Jones
1994–1997	Richard a Betty Jones
1998–2006	Dennis ac Enid Davies
2007–2018	Gerwyn 'Wil' Edwards a Liz Green
2019–2020	Nathan a Jenna Munday

Gwnaed cyfraniad hollbwysig gan denantiaid Tŷ Mawr cyn ac wedi i'r amgueddfa un-ystafell gael ei sefydlu yno yn 1960. Wedi'r cyfan, byddent yn croesawu dieithriaid i'w cartref a hynny, yn y blynyddoedd cynnar, ar bron unrhyw adeg o'r wythnos.

Ymwelodd gohebydd *Y Cymro* â Wybrnant yn 1957 pan oedd newid ar droed. Yn byw yno ar y pryd roedd Margaret (Begw) a Gwilym Lewis. Roedd hi'n perthyn i deulu â chysylltiadau agos â'r lle gan i'w rhieni, David a Gwen Ellis, fyw yn Nhŷ Mawr am 27 mlynedd (rhwng 1927 a 1954) a magu deg o blant yno. Bu ei chwaer a'i gŵr, Edith ac Evan Evans, yn denantiaid Tŷ Mawr hefyd. Roedd Gwilym yn fab i William Lewis, Fedw Deg, y gŵr a ymdrechodd i ddiogelu yr hen dŷ ac y ceir ei hanes yn nes ymlaen.

Victor a Carol Evans

Yn 1971 symudodd Victor a Phyllis Evans, a'u plant Derwyn a Carol, i fyw yno. Roedd Victor yn hanu o un o hen deuluoedd yr ardal, wedi ei eni yn ffarm y Glyn yn nyffryn Lledr a'i frawd hŷn a'i chwiorydd wedi bod yn ddisgyblion yn Ysgol Cyfyng. Gwelir penillion gan ewythr iddo mewn man arall yn y llyfr hwn.

Yn ystod eu cyfnod hwy roedd Tŷ Mawr yn agored chwe diwrnod yr wythnos rhwng deg y bore a phump y prynhawn, oriau caeth iawn i'r teulu a oedd yn ei gwneud yn anodd i gael cyfle i fynd i siopa hyd yn oed! Dydd Mawrth oedd y diwrnod rhydd ond gan nad oedd Phyllis yn gyrru a Victor yn gweithio drwy'r wythnos, rhaid oedd newid i ddydd Sadwrn. Byddai rhyw fil a mwy o ymwelwyr yn dod bob blwyddyn a llawer ohonynt yn mynegi eu siom o ganfod bod cyn lleied i'w weld yno o ran cofâu William Morgan.

Begw Lewis yn ei chegin, 1957

Symudodd y teulu i bentref Penmachno yn 1977 ac er mai dim ond chwe mlwydd oed oedd Carol bryd hynny mae ganddi atgofion clir o'i phlentyndod cynnar yn Wybrnant. Cofia sledio i lawr y llechwedd serth tu ôl i'r hen feudai yn y gaeaf, chwarae yn yr afon a hyrddio lawr rhiw Tŷ Coch ar *go-kart* efo'i brawd – gan, fel arfer, fethu'r gornel a diweddu'r daith yn y cae! Wedi ei geni i fywyd yno, roedd hi wedi hen arfer â gweld dieithriaid, a phwysigion yn eu plith, yn dod i'w chartref yn rheolaidd a chofia fel y byddai ei mam yn brysur yn darparu paned o de a chacen iddynt fel rhan o'r croeso.

Atgofion Iola Wyn Jones

Ym Medi 1980 y symudon ni i Dŷ Mawr o Hafod Las, Ysbyty Ifan lle buom yn ffarmio am ddwy flynedd ar bymtheg. Rhan o apêl Tŷ Mawr oedd fod deunaw acer o dir efo'r lle ac roedd Jo, y gŵr, ac yntau wedi arfer ffarmio, yn mwynhau cerdded y caeau. Yn Nhŷ Mawr y buon ni tan i ni symud i Groesffordd, ar gyrion pentref Penmachno, yn 1993 a bu Jo farw ddwy flynedd wedyn yn 1995.

Roedd ein cartref newydd yn Nhŷ Mawr yn dŷ tair llofft, a dwy o'r rheiny'n fach iawn ond roedd Nia a Gwion mewn colegau erbyn hynny a dim ond adref adeg gwyliau. Roedd Rhun, yr ieuengaf, yn dal yn yr ysgol. Er hynny, roedd yn gyfyng iawn i deulu o bump.

Anne Murphy, Cadeirydd Pwyllgor Apêl 1988,
ac Iola Wyn Jones yn derbyn copi o Destament 1567
gan Mari Evans

Profiad rhyfedd oedd byw yn Nhŷ Mawr ac un ystafell yn amgueddfa. I'r dde o'r drws, roedd ein hystafell fyw efo lle tân agored a chegin fach iawn. Roedd yn rhaid i ni dderbyn fod pobl yn pasio bob amser ac yn chwilfrydig. Hyd yn oed ar ddiwrnod 'Dolig, dwi'n cofio rhywrai yn sbio drwy'r ffenest a ninnau'n bwyta'n cinio! A dwi'n cofio bod yn yr amgueddfa efo ymwelwyr a Rhun yn cyrraedd adref o'r ysgol a brasgamu i fyny'r grisiau i'w lofft a hwythau'n edrych yn syn ac yn gofyn, 'be' ar y ddaear sydd yna?'

Roedd y drws i mewn i Dŷ Mawr mewn lle gwahanol pan symudon ni yno. Roedd ystafell yr amgueddfa i'r chwith ohono, gydag andros o fwrdd mawr, cwpwrdd tridarn, cadair a bwrdd arall llai. Roedd y cwpwrdd wedi dod o Gefn Ydfa ac, wedi sylweddoli hynny, byddwn yn arfer canu Bugeilio'r Gwenith Gwyn i bobl ac yn dweud yr hanes. Ac yn dweud tipyn o hanes Cymru hefyd; roeddwn fel arfer yn rhoi sgwrs o rhyw hanner awr.

Dechreuodd pobl adael Beiblau'n rhodd ac roedd y cyntaf a gofiaf yn yr iaith wneud honno, Esperanto. Roeddwn innau'n awyddus i gael mwy o lyfrau a byddwn yn mynd o amgylch y stondinau yn yr Eisteddfod Genedlaethol yn holi a chwilio, a byddai'r Ymddiriedolaeth Genedlaethol, chwarae teg, yn barod iawn i'w prynu. Yn eu plith, roedd llyfr Charles Ashton ar William Morgan, a gyhoeddwyd yn 1891, wedi iddo gael y wobr gyntaf am y bywgraffiad Cymraeg gorau mewn cystadleuaeth adeg y tri chanmlwyddiant.

Roedd yn gyfnod cyffrous bod yno yn yr 1980au, adeg y paratoi ar gyfer dathlu pedwar canmlwyddiant y cyfieithu. Bûm ar ddwy daith i America, yn 1986 a 1987, ac *American Airlines* wedi talu am docynnau ar ein cyfer. Y bwriad oedd i godi arian ond rwy'n meddwl mai cyhoeddusrwydd oedd gwerth y daith yn bennaf; wn i ddim faint o arian a godwyd.

Wedi saith mlynedd o fyw yn Nhŷ Mawr, cawsom symud i dŷ newydd Glan-yr-afon; roedd yn braf iawn cael symud i dŷ efo tipyn mwy o le. Yn 1988 bu gwahanol griwiau teledu yma laweroedd o weithiau ac roedd y lle yn hynod o brysur gyda dros 15,000 o ymwelwyr y flwyddyn honno. Roedd yn adeg flinedig a phobl am i mi fynd i siarad mewn gwahanol lefydd, ond roedd gen i sleids oedd yn fy arwain ymlaen.

Parhaodd y prysurdeb am rhai blynyddoedd ac mae gen i lawer o atgofion o bobl yn dod yma. Dwi'n cofio agor yr amgueddfa yn arbennig ar ddydd Sadwrn ac yn aros am y criw yma, o Lerpwl rwy'n meddwl, ac un o gloriau'r ffenestri yn agor a chael tipyn o sioc wrth weld y dyn yma'n rhoi ei ben i mewn.

Mi fyddan ni'n cael diwrnodau o wneud menyn, caws a bara ceirch ac arbenigwyr yno yn arddangos. Ffilmiwyd hynny ar gyfer y teledu a phan fyddai pobl yn dod wedyn roedden nhw eisiau sefyll yn yr union fan.

Mae drws Tŷ Mawr yn isel a byddwn bob amser yn dweud 'gwyliwch eich pen' wrth bobl. Dwi'n cofio criw o rhyw ddwsin o weinidogion yn dod ac yn eu plith y Parchedig Huw Jones, Y Bala gynt (nad oedd y talaf o feibion dynion), a dyma fo'n dweud, 'chwarae teg, poeni amdana' i mae hi'.

Roedd yn arbennig o braf bod yma yn yr haf a chael cwmni y fath amrywiaeth o bobl ond yn stori wahanol iawn yn y gaeaf a ninnau'n aml yn methu mynd oddi yma oherwydd y rhew a'r eira. Doedd dim posib mynd â char ar hyd y rhiwiau serth ac mi fyddai Gwion yn gorfod cerdded lawr Cyfyng i fynd i'w waith.

Blynyddoedd prysur ond dedwydd yn byw yn un o gartrefi pwysicaf Cymru a bu'n fraint cyfrannu at gadw'r cof am William Morgan yn fyw.

Codi arian yn San Steffan efo Dafydd Wigley; llun o Dŷ Mawr sydd yn y cefndir

Atgofion Richard Jones

Dyna beth oedd newid byd! Wedi pymtheg mlynedd o groesawu dros dri chan mil o ymwelwyr y flwyddyn i Sain Ffagan – yr amgueddfa orau yn Ewrop – efo dros bump ar hugain o dai a bythynnod, dyma symud i ganol coedwig i ofalu am un tŷ unig o'r unfed ganrif ar bymtheg a chroesawu ychydig dros bum mil o ymwelwyr y tymor.

Ia, dyma gartref y bachgen bach William ap John ap Morgan ap Llywelyn ap Meredydd a ddaeth yn enwog fel y Gwir Barchedig Ddoctor William Morgan. Braf iawn fu'r blynyddoedd yn Sain Ffagan ond braint o'r mwyaf i'm gwraig, Betty, a minnau oedd gofalu am y lle unigryw yma am bron i bum mlynedd.

Roedd diwrnod yr ymfudo o brysurdeb dinas Caerdydd yn brofiad ynddo'i hun, a'r tywydd yn aeafol iawn. Roedd ein mab, Merfyn, wedi llogi fan fawr i gludo'r dodrefn ac, wedi taith flinedig, cyrhaeddodd Wybrnant ychydig cyn wyth y nos. Roedd Betty a minnau eisoes yno, yn aros amdano. Er mwyn ei gwneud yn gyfleus i wagio'r fan, roedd angen rifyrsio i mewn i'r buarth. Dyma gychwyn yn araf deg dros y bont fach gul a phopeth yn mynd yn iawn ... tan i ni glywed clec! Roedd un o'r olwynion blaen wedi mynd dros ochr y bont ond, trwy ryw wyrth, wnaeth y fan ddim troi drosodd i'r ffos.

Dyma ni rŵan yn cael blas ar gymwynasgarwch pobl Penmachno. Y mab yn cerdded i'r ffarm gyfagos, Tŷ Coch, i ofyn am fenthyg ffôn i holi am garej a oedd yn ddigon tebol i godi fan drom, llawn dodrefn o'r ffos. Neb efo taclau digon cryf i'r gwaith! Ond dyma Mrs Morris yn awgrymu gofyn i'w brawd, o ffarm hynafol Fedw Deg gerllaw. Pan gyrhaeddodd Merfyn yno, roedd y teulu ar ganol eu swper ond cododd y dynion yn syth, gwisgo *wellingtons*, estyn cadwyni cryfion, planciau a jack mawr ac ymhen dim roedd dau dractor trwm ar eu ffordd am Dŷ Mawr.

Wedi edrych ar y broblem, daeth cynllun i'r meddwl ac wedi awr o ymdrechu caled, a dynion Fedw Deg wedi gorfod sefyll yn y ffos nes fod y dŵr wedi hen lenwi'r *wellingtons*, llwyddwyd i dynnu'r fan yn ôl ar y bont a'i chael yn ddiogel i fuarth Glan-yr-afon, ein cartref newydd. Ia, dyma Samariaid trugarog a byddwn yn ddiolchgar am byth am garedigrwydd ein cymdogion newydd.

Roedd ein blwyddyn gyntaf fel gofalwyr yn un brysur dros ben. Roedd yn ganmlwyddiant sefydlu'r Ymddiriedolaeth Genedlaethol yn 1895 a chawsom dros fil o blant, yn eu tro, yn dod i blannu coed. Ar un o'r dyddiau hynny, daeth y Gwir Barchedig Archesgob Cymru, Alwyn Rice Jones, i blannu ei goeden yntau. Roedd wrth ei fodd yng nghanol y plant, yn sgwrsio â hwy ac yn rhannu cacen gri a sudd oren efo nhw!

Ym mis Gorffennaf 1995 codwyd pabell gerllaw Tŷ Mawr a chafwyd Cymanfa Ganu i ddathlu'r canmlwyddiant, efo Côr Merched Carmel dan arweiniad Maureen Hughes a'r organyddes, Jane Lloyd Hughes. Cefais y fraint o estyn gair o groeso a gweddi agoriadol yna cafwyd anerchiad bywiog gan y cyn-ofalwraig, Iola Wyn Jones. Roedd yn ddiwrnod braf iawn, y babell yn orlawn a llawer yn eistedd ar y gwair y tu allan ond roedd un orchwyl drist; cydymdeimlo ag Iola a'r teulu yn eu profedigaeth o golli ei gŵr, Joseph Wyn Jones, ychydig wythnosau yng nghynt.

Sŵn plant fydd yn aros yn y cof. Plant ysgolion wedi dod o bell ac agos o lefydd amrywiol fel Bae Penrhyn, Bethesda, Llanddoged, Tywyn, Bontnewydd – yn wir, mae'r rhestr yn ddi-ddiwedd! Roedd rhai yn bartïon mawr, eraill yn griw bach fel y plant ddaeth o ysgol y Parc, gyda'u prifathro Llew Gwent – yn amlwg wedi eu paratoi'n dda cyn dod. Ac o dros y môr hefyd; daeth criw o Lydaw ac o Corpus Cristi, Texas.

Cofiaf hefyd am ddeg yn dod o bentref Trefor gyda Geraint Jones a'r ficer, y Parchedig Idris Thomas; doeddwn i fawr feddwl ar y pryd y byddwn yn ymddeol i Glynnog ac yn addoli yn eglwys Beuno Sant a oedd dan ei ofal ef.

Cawsom sawl crefftwr mewn cyfres o sgyrsiau a darlithoedd yn y 'Sgubor Arddangos, rhai fel Emrys Evans o Flaenau Ffestiniog a'i bwnc, cawio plu pysgota; Ffestin Williams, Penrhyndeudraeth yn dangos y grefft o gerfio llwyau caru; Christine Birch ar wneud matiau racs; Phyllis Evans yn gosod blodau; Anwen Hughes efo gwau a thapestri; Bob Williams efo ffyn; H. Roberts, Bodorgan, gwaith coed a chadeiriau yn null traddodiadol y *chair bodgers* – i gyd yn helpu i dynnu ymwelwyr i Dŷ Mawr.

Do, cawsom enwogion hefyd, fel Siân Lloyd, y tywydd, Betty Williams a oedd yn ymgeisydd Llafur ar y pryd, yr Esgob Saunders Davies a George Guest, cyfarwyddwr cerdd côr enwog Coleg Sant Ioan Caergrawnt – hen goleg William Morgan. Ymysg sawl un arall, roedd Yr Athro Castle o Missouri, un o feirniaid Eisteddfod Ryngwladol Llangollen, a oedd yn pwysleisio pa mor bwysig oedd cerddoriaeth Madrigal yn ystod oes William Morgan.

Un peth a oedd yn braf wrth groesawu'r holl bobl o bob rhan o'r byd oedd eu diddordeb yn y Beibl a'u parodrwydd i gyflwyno rhai'n rhodd i Dŷ Mawr, nid yn unig y prif ieithoedd ond ieithoedd llai amlwg megis Ffrisieg o'r Iseldiroedd a Xhosa o Dde Affrica hefyd. Mi fyddai William Morgan ei hun wrth ei fodd yn gweld fod cymaint wedi mynnu cael y Beibl yn eu hiaith hwy eu hunain.

Ond, y goron ar y cyfan oedd fod y Llyfrgell Genedlaethol wedi rhoi Beibl William Morgan ei hun i'r arddangosfa yn yr or-uwch ystafell fel bod pawb yn gallu gweld campwaith mawr yr Esgob o Wybrnant.

Do, bu'n newid byd i Betty a minnau a chawsom flynyddoedd hapus tu hwnt yno er gwaethaf byw mewn lle mor anghysbell a'r heriau fyddai'n ein hwynebu – yn arbennig yn ystod y gaeaf. Byddai'n rhaid torri'r rhew yn y nant er mwyn sicrhau llif o ddŵr i'r tŷ ac yn yr hydref roedd dail di-ben-draw i'w clirio rhag i'r beipen gyflenwi gael ei chau. Daeth dyfeisgarwch y mab i'r fei yn hyn o beth pan glymodd hen sanau neilon ei fam o amgylch ceg y beipen i gadw'r dail allan!

Diolch am y cyfle a'r fraint a gawsom a fyddwn i ddim yn newid dim am Dŷ Mawr a'r Wybrnant heblaw un peth; byddai wedi bod yn brafiach fyth heb yr holl wybed bach oedd yn bla yno!

Beti a Richard Jones

Atgofion Dennis Davies
Dechreuais weithio fel Ceidwad Tŷ Mawr Wybrnant yn Ionawr 1998 a bum yno am wyth mlynedd hapus a phrysur iawn. Gan fod gennyf ddiddordeb mawr mewn hanes a hefyd yn y Beibl, roedd yn swydd wrth fy modd.

Dennis ac Enid Davies

Ac fel brodor o ddyffryn Conwy, roeddwn yn falch iawn o'r cysylltiadau lleol oedd gan cynifer o'r cyfieithwyr â'r dyffryn.

Roeddwn yn gyfrifol am yr holl weithgareddau a oedd yn cael eu cynnal yno yn ystod y tymor – o'r Pasg hyd at ddiwedd mis Hydref – a byddai'r Ymddiriedolaeth yn caniatáu cryn ryddid i mi drefnu fel y gwelwn orau. Dros benwythnosau'r haf byddai adloniant i'w gael gan artistiaid lleol fel Robin James Jones ar y delyn, Mared Emlyn, hithau yn delynores, ac Esyllt Tudur a Siân

Alderton yn cyflwyno amrywiaeth o ganeuon traddodiadol. Byddwn hefyd yn gwahodd crefftwyr lleol i arddangos eu dulliau a'u cynnyrch.

Roeddwn yn byw yng Nglan-yr-afon, ac Enid a'r plant, Deiniol ac Esyllt, yn treulio cyfnodau yno efo mi. Yna, ddiwedd Hydref, roeddwn yn rhoi Tŷ Mawr i gysgu dros y gaeaf cyn ail-ddeffro'r tŷ unwaith yn rhagor ar gyfer y gwanwyn.

Yn ystod fy nghyfnod yno, cwrddais â phobl ddiddorol o gymaint o wahanol wledydd. Byddent wrth eu bodd o ganfod copi o'r Beibl yn eu hiaith eu hunain ac, os nad oedd un, byddai llawer yn danfon un imi a rhai'n dod â chopi efo nhw ar ail-ymweliad. Yn y diwedd roedd gennyf Feiblau mewn dros drigain o wahanol ieithoedd. Croesawais aml i esgob yno a chofiaf yn arbennig am ymweliad Esgob Ely, yr esgobaeth yn Swydd Caergrawnt lle cafodd William Morgan ei urddo'n offeiriad. Un arall hynod oedd ficer o Stoke fyddai'n talu ymweliad blynyddol ar ei foto-beic; roedd yn hyddysg mewn wyth o ieithoedd, gan gynnwys Esperanto.

Cefais fy nghyfweld ar gyfer amryw o raglenni radio a theledu ar gyfer Cymru, wrth gwrs, yn ogystal â Lloegr, yr Alban ac Iwerddon a hyd yn oed un tro rhaglen Ffrangeg ar gyfer plant! Byddwn yn teithio cryn dipyn i ddangos sleidiau a siarad efo cymdeithasau capel a hanes a mudiadau fel Merched y Wawr; byddai adeg Gŵyl Ddewi a chyfnod y Diolchgarwch a dathlu Sul y Beiblau ar y 6ed o Ragfyr yn arbennig o brysur.

Cafwyd penwythnos llwyddiannus iawn yn 2004 i gofio am bedwar canmlwyddiant marwolaeth yr Esgob William Morgan. Trefnwyd darlith gan Yr Athro Gwilym H. Jones a chafwyd eitemau gan blant Ysgol Penmachno a chyflwynwyd rhodd o'r Beibl Cymraeg newydd gan Yr Arglwydd Dafydd Elis Thomas ar ran y Cynulliad.

Dennis ac Enid Davies

TEAS
AND
COFFEE

Cynhaliwyd Cymanfa Ganu yn Eglwys y Santes Fair ym Metws-y-coed o dan arweiniad medrus Catherine Watkin a gafodd ei recordio ar gyfer *Caniadaeth y Cysegr* i Radio Cymru.

Roedd yn arbennig o braf cael croesawu plant ysgol i Wybrnant ac, er bod y ffordd yn gul, llwyddodd aml i ysgol i gyrraedd yno. Pan fyddai'r tywydd yn braf, roedd y plant wrth eu bodd yn bwyta'u picnic allan yn yr haul. Byddai llawer yn cysylltu wedyn i ddiolch i mi – a sawl un yn fy nghyfarch fel 'Mr Morgan'!

Un o'r digwyddiadau mwyaf dramatig a gofiaf oedd pan fu'n rhaid galw am yr Ambiwlans Awyr i gludo gwraig oedrannus i'r ysbyty. Torrodd ei chlun wrth iddi syrthio oddi ar stôl odro ar lawr anwastad Tŷ Mawr! Rhywsut neu'i gilydd ymgasglodd cryn dyrfa i wylio'r cynnwrf; pobl yn cerdded y llwybrau a'r coedydd gerllaw wedi eu denu draw gan sŵn yr hofrennydd, mae'n rhaid.

Cefais fy rhybuddio bod ysbrydion yn Nhŷ Mawr ac un tro deuthum wyneb yn wyneb ag un. Newydd agor y tŷ oeddwn i un bore ac wrthi'n cario coed tân cyn i'r ymwelwyr gyrraedd pan glywais sŵn i fyny'r grisiau. 'Helo, oes yna rhywun yna?' gofynnais yn ddigon ansicr. Ni chefais ateb ond wrth fynd ymlaen â gosod y tân, dyma glywed y sŵn unwaith yn rhagor. Gofyn yr un cwestiwn eto ond na, dim ateb, felly dyma gerdded yn ddistaw a phetrusgar tuag at y grisiau a chael braw o weld dynes efo gwallt llwyd hir a digon blêr mewn gwisg laes yn edrych i lawr arnaf – yr union ddarlun fyddai gan rhywun o ysbryd. Ond yna dechreuodd siarad â mi; dynes o gig a gwaed oedd hon wedi'r cyfan, wedi mynd i mewn i'r tŷ tra'r oeddwn yn nol coed bore o'r sied!

Cofiwch chi mae awyrgylch digon rhyfedd yno o bryd i'w gilydd. Cofiaf i dri cwpl fod yno un tro ac un o'r gwragedd yn dweud iddi deimlo rhywun yn gafael ynddi a'r gweddill – a minnau hefyd – yn teimlo rhyw oerni anghyffredin.

Dro arall roeddwn yn egluro cefndir yr ymadrodd 'Cyw a fegir yn uffern, yn uffern y myn fod', sef bod cywion gwantan yn cael eu gosod yn agos at y tân ond y byddai ambell un yn cael ei losgi o fynd yn rhy agos, pan lewygodd un o'r gwragedd yn y cwmni. Tybiais fod meddwl am y cywion bach druan yn ormod iddi ond pan ddaeth ati ei hun, dywedodd iddi weld rhywun yn sefyll wrth ymyl y drws.

Daeth cyfnod o wyth mlynedd hapus iawn i ben a byddaf yn trysori am byth y profiadau a'r atgofion a gefais yn gofalu am le mor arbennig yn ein hanes fel Cymry.

Atgofion Wil – neu Gerwyn Edwards

Mae lleoliad Tŷ Mawr yn arbennig iawn, mae pobl yn teithio yma a theimlo eu bod yn cyrraedd pen draw'r byd. Sawl gwaith tybed y clywais rhywun yn dod drwy'r drws ac yn dweud 'that's a hell of a road isn't it'. Ia, yn Saesneg fel arfer – mae'r Cymry wedi hen arfer â ffyrdd culion a serth!

Teulu Tŷ Mawr – Atty, Gerwyn a Liz Edwards

Astudio'r Beiblau

Mae byw ar yr un safle â'r gwaith yn wych o ran teithio, does dim angen brwydro drwy draffig a does dim straen cymudo. Mae o'n le bendigedig yn y gaeaf, wedi ei gau i mewn adeg eira a rhew. Mae'n oer a gwlyb hefyd, ond mae'n oer a gwlyb ym mhobman yn Nhachwedd a Chwefror! Mae'r tŷ, Glan-yr-afon, yn un hwylus i fyw ynddo, ond mae'r gwres i gyd yn dod o goed. Rhaid treulio un diwrnod bob pythefnos yn torri coed a rhaid gwneud yn siŵr bod tair i bedair tunnell wrth gefn o hyd.

Mae'n le distaw a llonydd, unlle gwell i fagu teulu. Mae yna rhai pethau yn dy glymu di, gorfod bod yno dros nos o achos y Beiblau, er enghraifft. Rhaid cael rhywun sy'n dal y goriad ar y safle, gan fod yr heddlu o leiaf dri chwarter awr i ffwrdd. A byddai pobl bob yn hyn a hyn yn cnocio ar y drws unrhyw adeg ac yn gofyn 'ga' i weld y tŷ' neu 'pryd da' chi'n agor?' Rwyt ti, a'r teulu, yn rhan o'r atyniad, byddai pobl yn tynnu lluniau a'r wraig yn gweithio yn yr ardd ond mae colli preifatrwydd yn bris isel i'w dalu am gael bod yma.

Arferai'r ferch gwyno weithiau ein bod yn bell o'r pentref ac nad oedd yn gallu gweld ei ffrindiau o Ysgol Penmachno fin nos ond pan fydden nhw yn dod yma, roedden nhw'n genfigennus iawn ohoni hi. Mae digon o le yma i redeg a chwarae, mae yna fywyd gwyllt a merlynnod yma a choed a nentydd a chreigiau a mynyddoedd.

Byddem yn aml yn eistedd ar y bont fin nos yn yfed gwin neu gael paned ac yn gwrando ar y gwenoliaid a'r ceffylau ac yn meddwl fod William Morgan wedi gwrando ar yr union yr un peth. Dydi'r byd ddim wedi newid yma a does yna ddim llygredd golau o gwbl.

Roedd yn fraint cael rhannu'r trysorau sydd gennym efo pobl eraill, ac rydym ni fel Cymry'n dda am sgwrsio a siarad, mae'n rhan o'n natur ni. Byddwn wrth fy modd yn cyfarfod â gwahanol bobl ac rwyt ti'n dysgu bob dydd, *bob* dydd. Roedd rhywun o hyd yn siŵr o ddweud rhywbeth newydd. Wrth gwrs fy mod yn hynod falch o'r casgliad mawr o Feiblau – llond cypyrddau ohonynt – oedd yn Nhŷ Mawr ac yn ddiolchgar dros ben am haelioni'r rhoddwyr ond ambell waith roedd rhaid dweud nad oedd lle i fwy. Pobl yn gofyn wedyn beth ddylent wneud â nhw, a minnau'n ateb, 'darllenwch nhw'!

Doeddwn i ddim yn dweud yr un peth dro ar ôl tro, fel record, byddai hynny wedi gyrru rhywun yn hurt. Pan fyddai pobl yn dod i mewn drwy'r drws, rhaid oedd penderfynu i ba focs oedden nhw'n ffitio, beth oedd eu diddordeb nhw – ai hanes y tŷ, y Beibl, pensaernïaeth neu beth. Roedd rhai'n digwydd bod yn pasio ac yn galw i mewn a rhai'n cyrraedd wedi dilyn arwyddion yr Ymddiriedolaeth. Roedd rhai pobl yn sych ond eraill yn llawn bywyd a chafwyd hwyl garw'n chwerthin a dweud straeon. Roedd y byd yn dod i dy dŷ di, roddet ti'n eistedd ac aros ac yn barod i ddawnsio os oedden nhw eisiau.

Roeddwn yn ceisio dod â hanes y lle yn fyw i ymwelwyr, pa arogleuon fyddai yma, pa mor dywyll fyddai hi, pa mor oer ac yn y blaen. Byddai plant, yn arbennig, yn meddwl mai tynnu coes oeddwn pan fyddwn yn egluro na fyddai gwydr ar y ffenestri yn oes William Morgan, dim ond drysau pren i gadw'r gwyntoedd gaeafol allan. Neu pan fyddwn yn dweud y byddai'r anifeiliaid wedi rhannu'r tŷ efo'r teulu yn ystod y misoedd oeraf, ac roedden nhw'n anghrediniol pan ddywedwn y byddai plant yr oes honno'n cael eu gwnïo i mewn i'w dillad am y gaeaf.

Byddai pobl yn holi yn aml am ysbrydion. Dwi'n cofio gwraig yn dod yma a dweud ei bod wedi gweld ysbrydion milwyr Rhufeinig yn Swydd Efrog. A dyma hi'n dweud bod yna ysbrydion yn Nhŷ Mawr hefyd – ddim bod o bwys gen i os oedd miloedd yma, mae digon o le i ni i gyd. Dywedodd ei bod yn gweld geneth fach yn glanhau'r lle tân ac yn dweud ei bod yn gwneud hynny ers cant a hanner o flynyddoedd. 'O', meddwn innau, 'ac roedd hi'n siarad Saesneg felly, ganrif a

hanner yn ôl? *And the Roman soldiers?*' gofynnais!

I'r dyfodol, dwi'n meddwl ei bod yn bwysig bod Tŷ Mawr yn datblygu mwy ar gyfer plant, a denu teuluoedd yma i rywle lle mae'n saff i blant a lle gallant ymlacio. Dan ni wedi gosod meinciau mewn gwahanol ardaloedd, yn llefydd i ddweud stori a chael ysgolion i ddod yma. Buom yn cynnal dosbarthiadau yma, sgiliau traddodiadol drwy un mis i ddysgu gwahanol bethau fel nyddu neu adeiladu cychod pren. Mae'r defnyddiau i'w cael yma ac mae'r arbenigedd a'r sgiliau gennym oddi mewn i'r Ymddiriedolaeth. A dwi'n meddwl mai addysgu yw'r hyn y byddai William Morgan ei eisiau, addysgu teuluoedd ifainc achos nhw ydi ein dyfodol ni.

Mae llonyddwch Wybrnant yn rhoi cyfle i feddwl, yn rhywle lle mae'n bosib agor llygaid pobl i werthoedd pwysicach. Gobeithio bod pobl yn mynd oddi yma yn fwy parod i werthfawrogi'r pethau syml a sylfaenol sydd gennym, a gweld nad oes rhaid dilyn y geiniog a bod yna agweddau eraill cyfoethocach ar fywyd.

Atgofion Nathan Munday

Symudais i Wybrnant ym mis Mawrth 2019. Roeddwn wedi gorffen PhD ac yn gweithio i'r Cyngor yn y Rhondda, ond doeddwn i ddim yn hapus iawn yn gweithio mewn swyddfa enfawr a minnau wedi arfer astudio mewn swyddfa fach. Clywais am y swydd pan ddanfonodd Mam-gu neges ar *Facebook* bod angen Ceidwad yn Nhŷ Mawr gan awgrymu efallai y byddai hon yn rôl i mi.

Roeddwn wedi priodi ers mis Medi efo merch o'r Iseldiroedd felly byddai tirwedd Wybrnant yn hollol wahanol iddi hi! Ond mi wnaethon ni feddwl beth oedd yn bwysig i ni mewn bywyd a gweld bod hon yn swydd unigryw ac yn ffitio'n berffaith. Dwi'n Gristion, dwi'n Gymro sy'n mwynhau'r mynyddoedd ac roedd cael y

Jenna a Nathan Munday

swydd fel cael rhodd, yn berffaith ac roedd yn fraint cael bod yno.

Wedi brysio i bacio pob dim a dod â phopeth i fyny, mi aethon ni'n styc ar y lôn drosodd i Dŷ Mawr achos bod eira ar y ffordd. Cofiaf ddeffro'r ail ddiwrnod a gweld y lle i gyd yn wyn; roedd yn deimlad braf ein bod wedi ein cloi yn y darn bach yma o'r byd.

Yr ail wythnos, mi gawson ni lifogydd. Dwi'n meddwl fod gan bobl o'r Iseldiroedd rhyw chweched synnwyr o ran dŵr achos mi ddeffrodd Jenna a dweud, 'the waters are rising'. Roedd y nant wedi gorlifo drwy Glan-yr-afon ond roedd Tŷ Mawr yn iawn; yr hen deidiau'n gwybod be' oeddan nhw'n ei wneud. Collais ddeg o lyfrau, roedd y soddgrwth dan ddŵr a dwi'n cofio gweld fy esgidiau sgïo yn nofio allan o'r sied. Do, mi gawson ni fedydd yn llythrennol!

Ond mi ddaeth yr haf a'r blagur i goed Wybrnant. Dwi'n cofio clywed y gog yn canu, y wenoliaid yn cyrraedd a brithyll yn codi yn yr afon, i gyd ar yr un diwrnod a meddwl ei bod yn fraint cael bod yn yr Eden fach yma. Roedd yn fy atgoffa o pa mor bwysig mae tirlun yn y Beibl a meddyliais am y Salmydd yn canu'n ifanc ar y bryniau. I mi mae William Morgan fel Dafydd arall, yn ysgrifennu mor goeth mewn Cymraeg safonol a barddonol. Ym Meibl William Morgan, gallwch weld cymoedd ardal Penmachno yn y Salmau, mae'r lliw yno ac mae'r farddoniaeth yn dod trwodd.

Cefais bleser mawr o siarad efo cymaint o wahanol bobl; efallai efo pobl o India un diwrnod ac yna pobl o Gerrigydrudion y diwrnod wedyn. A byddai rhywbeth yn debyg yn oes William Morgan a'r Wybrnant ar y ffordd fawr i'r porthmyn oedd yn dod yma efo'u sŵn a'u syniadau ac efallai'n dod â Saesneg hefyd.

Mae'n anhygoel meddwl bod ysgolhaig mor nodedig wedi dod o'r Wybrnant ac mor rhyfeddol oedd hi fod pobl yn gallu clywed Iesu Grist yn siarad Cymraeg wedi byw dan glogyn y Lladin. Roedd y Gymraeg ymysg y pedair iaith ar ddeg gyntaf i gael y Beibl yn yr iaith frodorol. Yn ein dyddiau ni, gallwch ddod i'r lle bach yma yng nghanol unman a chanfod llyfrgell gudd yn y bryniau lle gallwch chwilio am eich hiaith eich hunan neu weld sut mae gwahanol ieithoedd yn edrych. Mae nhw i gyd mor wahanol ond eto'n dweud yr un peth, yn cyflwyno'r neges Gristnogol. Mae'n lle i ddathlu iaith a lle i ddathlu Cristnogaeth hefyd.

Mae ieithoedd bychain yn cael eu mawrygu yma ac roeddwn yn hynod falch o gasgliad oedd gen i yn y tŷ o Feiblau sy'n arbennig iawn i mi – Cernyweg, Llydaweg, Basgeg a Gaeleg – ieithoedd bach sydd wedi goroesi. Gobeithio na fyddan nhw'n cael gwared ar y casgliad unigryw yma.

Taswn i wedi rhoi'r un stori bob dydd i'r ymwelwyr, byddwn i wedi mynd yn wallgo! Doeddwn i ddim yn newid y ffeithiau ond yn pwysleisio gwahanol agweddau bob tro. Byddwn yn ceisio adnabod yr ymwelwyr ac yn cyflwyno'n wahanol os oedd pobl yn Gristionogion neu'n Gymry neu'n bobl ddiarth. Gan fy mod yn Gristion ac yn Gymro, dwi'n teimlo fy mod yn rhan o'r stori ac mae gen i angerdd a brwdfrydedd ac mae pobl yn gwybod yn eithaf cloi os dach chi'n credu be dach chi'n ei ddweud.

Roeddwn eisiau i bobl adael efo mwy o gwestiynau na phan mae nhw'n dod yma. Roeddwn eisiau iddyn nhw fynd i ffwrdd i feddwl am gwestiynau mawr fel 'Pam wnaeth William beth wnaeth o?', 'Pam mae'r Beibl wedi goroesi?', 'A'r Gymraeg hefyd?' Dwi wedi cael llythyrau gan bobl yn dweud eu bod wedi dechrau dysgu Cymraeg ers yr ymweliad ac mae hynny'n fraint ac yn hyfryd. Dwi wedi cael rhai'n dweud 'mae rhywbeth i'r Cristnogaeth yma' a gwneud iddynt feddwl beth yw eu pwrpas a bod rhywbeth mwy na rhygnu byw o ddydd i ddydd, i ddyfynnu T.S. Eliot, 'counting out my life in coffee spoons'.

Mae Tŷ Mawr yn lle arbennig, a'r Ymddiriedolaeth Genedlaethol yn dathlu hynny. Does dim y ffaff yma a does dim llawer o arian yma; yn wir, gallwch gael diwrnod heb arian. Mae rhai pobl eisiau tea rooms, eisiau'r chutneys a'r cardiau post ac er nad ydym yn cael y miloedd sy'n mynd i lefydd eraill, dwi'n teimlo bod pobl yn mwynhau fan hyn, os nad yn fwy, mewn ffordd wahanol a dyfnach na Bodnant neu Gastell Penrhyn. Mae ymwelwyr yn cael eu trin fel unigolion a byddwn yn sgwrsio â'n gilydd.

Mae yna ryddid yma, mae pobl yn gallu cerdded i mewn a darganfod pethau mawr a phethau bach ac mae yna ryddid i blant neidio mewn i'r afon heb fod yna raff i'w rhwystro. Ac mae hynny'n rhywbeth pwysig i'w gofio os 'dan ni am ddatblygu'r lle. 'Dan ni eisiau cadw ysbryd y lle, 'dan ni ddim eisiau gormod o ice cream yma. Rhaid cadw'r lle yn syml achos dyna sy'n ei wneud yn arbennig – ein bod yn gallu goroesi'r amseroedd anodd gan ddal i weld y pethau bychain.

Rhaid cadw'r elfennau cyntefig oedd yma pan oedd William yno; dydi'r tân ddim wedi newid, mae'n dal i gynhesu'r tŷ; dydi'r iaith ddim wedi newid llawer, mae'n dal i gynhesu'r galon; mae cyfathrebu'n dal i ddigwydd ac mae'r adeilad 'dach chi'n cerdded i mewn iddo nawr yn eithaf tebyg i fel oedd o pan oedd William yn gadael am y coleg.

Ac rwy'n falch iawn bod y simnai'n dal yn gam; diolch byth nad ydyn nhw wedi sythu'r 'leaning tower of Wybrnant'!

Ysgol Penmachno adeg agor y llwybrau natur Wybrnant

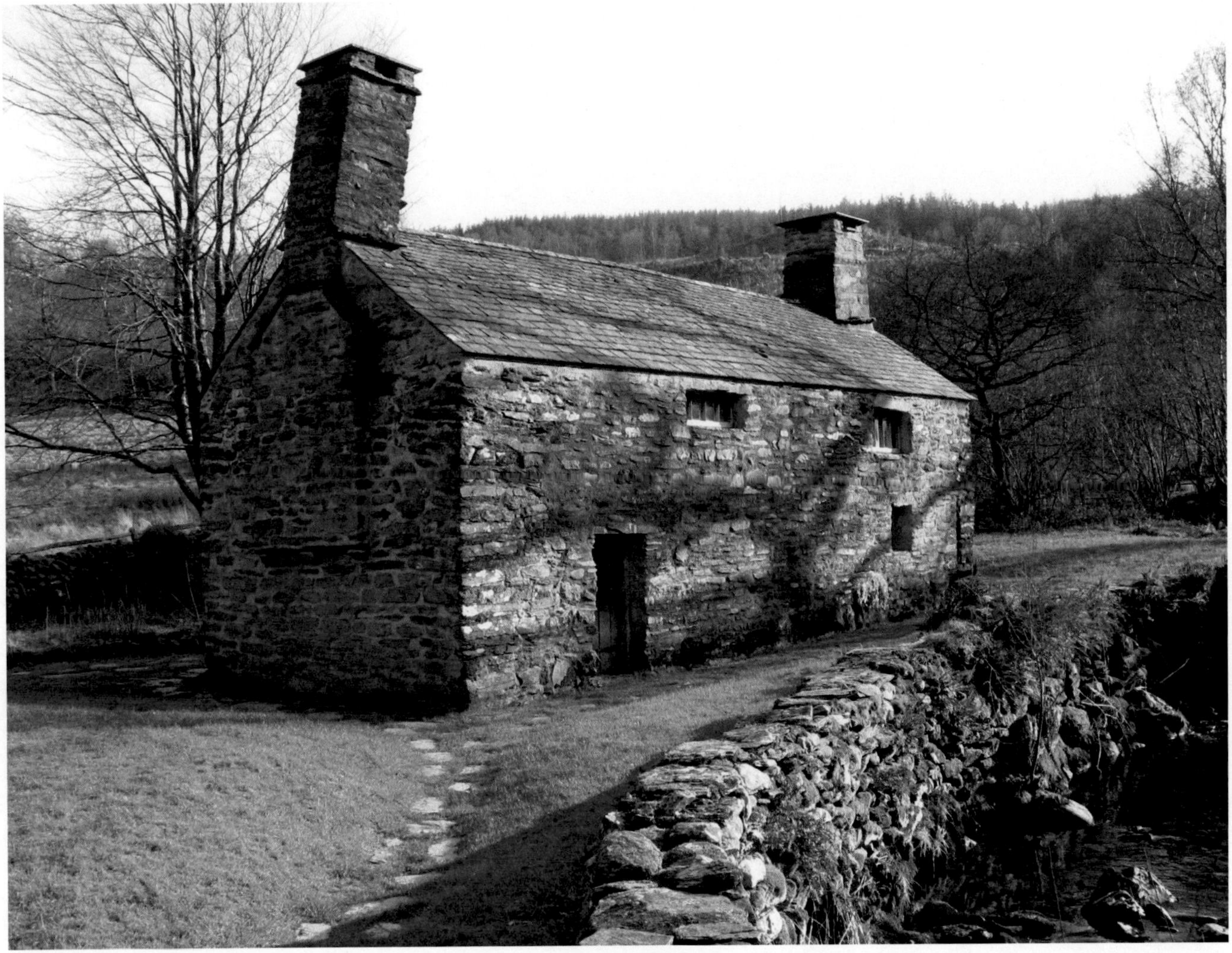

Simnai gam Tŷ Mawr

YMWELWYR Â THŶ MAWR

Mae ymwelwyr â Thŷ Mawr yn dod – yn llythrennol – o bedwar ban byd. Dyma restr o'r llefydd a nodwyd yn y llyfr ymwelwyr diweddaraf yn unig, a hynny dros gyfnod o tua tair blynedd:

Nigeria; Stuttgart; San Diego; Rwsia; Kansas City; Arizona; Seland Newydd; Adelaide, Awstralia; Washington DC; Awstria; Waddinxveen a Zeewolde, Iseldiroedd; Oslo, Norwy; Trulick + Lurgen, Iwerddon; Rhufain; Ariannin; Cairo; Salzburg, Osterreich; Moldova; Bagiuo, Philippines; Lithuania; Lyon, Ffrainc; Antwerp, Gwlad Belg; Nigeria; Estonia; Patagonia.

Er mai yn Saesneg y cofnodir gan amlaf, mae'n braf gweld amrywiaeth o ieithoedd yn cael eu defnyddio:

Cuiu! Buvo Labai Idomu!
ymwelydd o Lithuania

Excelente presenvacion de la cultura galesa. Muches gracias!
grŵp o Batagonia

Ein ganz besonderer ort mit einer wichtigen und interessanten geschichte
o Awstria

Uitstekende tour en inzicht in de geschiedenis van Wales. Danken
Iseldiroedd

Well worth a visit but check the road you take ... we came up the SatNav suggested one and even our host was surprised we had managed it – many haven't! He suggested taking the SatNav out of the car, beating it with a stick and throwing it in the river ... a wise move!

Ac, wrth gwrs, mae digon o Gymraeg i'w weld hefyd:

Un o safleoedd tawelaf yr Ymddiriedolaeth, yng nghanol prydferthwch cefn gwlad, heb yr un siop na chaffi – a gobeithio y pery hi felly. Toiledau a digon o lawntiau i fwyta picnic gan fwynhau'r heddwch a'r llonyddwch, gyda dim ond llif yr afon a chân yr adar i'w glywed. Hyfryd!
Ceredigion

Mae'r tŷ yn ddiddorol iawn; diolch am bopeth
ymwelydd o Trerawson, Y Wladfa Gymreig

Hanes yn dod yn fyw! Hen dŷ rhyfeddol mewn lleoliad anghysbell ac hardd. Daw bywyd a gwaith William Morgan yn fyw. A da iawn yr Ymddiriedolaeth Genedlaethol am gadw dau gopi o'r Beibl gwreiddiol yma ac nid mewn amgueddfa
Caerdydd

Hynod o ddiddorol. Hynod o bleserus. Gair Duw yn cael ei gyfieithu i iaith y werin bobl. Mawr ddiolch
Grŵp Cymraeg Cynulleidfa Tystion Jehofa, Bae Colwyn

Arbennig! Joio mas draw!
Cynwyl Elfed

Anghredadwy – cymaint o hanes mewn un man
Caerffili

Un o drysorau Cymru, wedi ei gyflwyno'n gelfydd gan y tywysydd
Ystrad Mynach

Ysbrydoliaeth i fod yma
Llansannan

Braint cael dod yma a braint bod yn Gymry
Ysbyty Ifan

Ardderchog. Diolch am y croeso a diolch am gael warden yn Gymro glân. Daliwch ati N.T. i gadw hanes Cymru
Cwmann, Llanbedr PS

Diolch yn fawr iawn am y cyflwyniad difyr dros ben – pawb wrth eu boddau yma. Mae'n le bendigedig!
Sarn, Pen Llŷn a Chaernarfon

Mynd adref â balchder yn fy nghalon
Pentre Llyn Cymer

Mae plant o bob oed yn mwynhau Tŷ Mawr

Rhaid arwyddo'r Llyfr Ymwelwyr

PAENT GWYRDD YN WYBRNANT!

Gwelwyd rhesi hir o geir yn dringo'r rhiw serth o Benmachno tuag at Wybrnant ar Ionawr yr ail 1969. Roedd rali wedi ei threfnu gan Gymdeithas yr Iaith y tu allan i Dŷ Mawr i roi cychwyn ar un o'i hymgyrchoedd amlycaf – paentio arwyddion ffordd uniaith Saesneg!

Wrth gwrs, roedd gwerth symbolaidd mawr o ddewis lansio'r ymgyrch ger man geni cyfieithydd y Beibl ond roedd rheswm ymarferol hefyd.

Coeliwch neu beidio, roedd pob arwydd yn cyfeirio ymwelwyr tuag at 'the Birthplace of Bishop Morgan' yn Saesneg yn unig! Y rhai hynny, a rhai 'No Litter Please' Parc Cenedlaethol Eryri, oedd ymysg y targedau cyntaf, ynghyd ag arwyddion ffyrdd lleol.

Wedi i Ddafydd Iwan, Cadeirydd Cymdeithas yr Iaith, a Dr Tudur Jones, Prifathro Coleg yr Annibynwyr ym Mangor, annerch y dyrfa aeth tua deugain o aelodau'r gymdeithas i Orsaf yr Heddlu ym Metws-y-coed i gyfaddef mai hwy oedd yn gyfrifol am y paentio.

Tros y misoedd a'r blynyddoedd wedyn, paentiwyd a thynnwyd cannoedd – miloedd mae'n siŵr – o arwyddion Saesneg gan ddwsinau ar ddwsinau lawer o ymgyrchwyr ledled Cymru. Bu'r ymgyrch yn ganolog i dwf y Gymdeithas fel mudiad poblogaidd, gan roi cyfle i bawb weithredu yn ei fro ei hun, a bu'n gyfrwng i newid agweddau tuag at ddefnydd cyhoeddus a gweledol o'r Gymraeg.

Arferai Tŷ Mawr fod yn 'home of Bishop Morgan'

Rhes hir o geir hyd at Dŷ Coch

WILLIAM MORGAN A BEIBL 1588

Nid William Morgan oedd y cyntaf i ymhél â'r dasg o gyfieithu'r Beibl ac roedd yn ymwybodol iawn ei fod yn dilyn yn ôl troed ei ragflaenwyr ac yn gallu manteisio ar yr hyn a gyflawnwyd ganddynt hwy. Wrth i Saesneg ddisodli Lladin fel iaith y gwasanaethau eglwysig yn ystod teyrnasiad Harri VIII, gwelwyd yr angen i gael yr ysgrythyrau yn y Gymraeg hefyd.

Roedd awduron y ddau lyfr Cymraeg cynharaf, Syr Siôn Pyrs yn *Yn y lhyvyr hwnn* yn 1546 a William Salesbury yn *Holl synnwyr pen Cymro ynghyd* y flwyddyn ganlynol wedi pwysleisio'r angen i gael Beibl Cymraeg. Aeth Salesbury ymhellach gan weithredu trwy gyfieithu'r darlleniadau a ddefnyddid yng ngwasanaethau'r Cymun a'u cyhoeddi yn 1551 mewn llyfr y mae ei deitl yn dechrau gyda'r geiriau *Kynnifer llith a ban*.

Bu'n rhaid i Salesbury gadw'n dawel yn ystod teyrnasiad y Babyddes, Mari I, ond bwriodd iddi drachefn unwaith i'r drefn Brotestannaidd gael ei hail-sefydlu dan y Frenhines Elisabeth. Chwaraeodd ran flaenllaw ac allweddol yn yr ymgyrch i sicrhau bod y senedd yn pasio Deddf 1563 yn gorchymyn i'r pedwar esgob Cymreig ac Esgob Henffordd ofalu fod y Beibl a'r Llyfr Gweddi Cyffredin yn cael eu cyfieithu erbyn y cyntaf o Fawrth 1567 – gyda bygythiad o ddirwy o £40 yr un pe na fyddent yn cyrraedd y nod. Wrth i'r mesur fynd drwy Dŷ'r Arglwyddi, ychwanegwyd cymal yn dweud y dylid prynu Beiblau a Llyfrau Gweddi Saesneg i'w gosod ochr yn ochr â'r rhai Cymraeg ym mhob eglwys fel y byddai'r plwyfolion yn dysgu Saesneg. Dichon mai cyfaddawd oedd hynny â'r rhai hynny a oedd yn gwrthwynebu cael Beibl Cymraeg.

Esgob Tŷ Ddewi, Richard Davies, brodor o'r Gyffin ger Conwy, ysgwyddodd y cyfrifoldeb o drefnu a noddi'r ymdrech, gan gyfieithu pump o epistolau Paul ei hun a Chantor y Gadeirlan, Thomas Huet, yn gyfrifol am Lyfr y Datguddiad. Ond gwaith Salesbury'n bennaf yw'r Testament Newydd a'r Llyfr Gweddi Cyffredin a welodd olau dydd yn 1567 ac ef oedd golygydd y cyfan. Testament Newydd Salesbury felly yw Testament 1567 ac er mai dim ond hanner y dasg a gwblhawyd nid oes sôn am godi dirwy ar unrhyw un.

Roedd yn ieithydd ac ysgolhaig Beiblaidd galluog tros ben a lluniodd gyfieithiad disglair ac urddasol ond ni chafodd y derbyniad na'r defnydd a obeithid. Mae hynny i raddau helaeth oherwydd syniadau pendant iawn Salesbury, syniadau sy'n ymddangos yn rhyfedd i ni heddiw. Byddai'n sillafu geiriau yn ôl eu tarddiad nid yn ôl sut y byddent yn cael eu hynganu. Er mwyn profi hynafiaeth y Gymraeg, defnyddiodd amryw o eiriau mwy neu lai anghofiedig o Gymraeg Canol a byddai'n sillafu geiriau a oedd yn tarddu o ieithoedd eraill cyn agosed â phosibl i'r gwreiddiol. *Eccleis* a *discupulon* o Roeg a Lladin yw dau o'r enghreifftiau mwyaf adnabyddus. Ond disgwylid i'r offeiriad ynganu'r rhain fel 'eglwys' a 'disgyblion'.

Ni fyddai'n treiglo geiriau'n gyson gan ymwrthod bron yn llwyr â'r treiglad trwynol felly mae ffurfiau rhyfedd fel *vy-pen* a *yn-tuy* ('fy mhen' ac 'yn nhŷ') yn britho ei waith. Credai hefyd bod cael amrywiaeth o gyfieithiadau o'r un gair yn dangos cyfoeth iaith; er enghraifft, roedd ganddo chwe gwahanol drosiad o'r ferf 'edifarhau' a chymaint a phymtheg ffordd wahanol o drosi'r ymadrodd Groeg 'yn y fan'.

Mae'n debyg i Richard Davies a William Salesbury fwrw ymlaen gyda'r dasg o gyfieithu'r Hen Destament ond daeth y cydweithio i ben oherwydd iddynt, yn ôl Syr John Wynn, anghytuno ynglŷn ag un gair a hynny, meddai, rhyw chwe blynedd cyn marwolaeth yr Esgob Davies yn 1581. Tybed a oedd a wnelo'r ffrae rywbeth â dulliau Salesbury o sillafu?

William Morgan wrth gwrs a wynebodd yr her o gwblhau'r gwaith ym mhlwyf gwledig Llanrhaeadr-ym-Mochnant ymhell o lyfrgelloedd a chanolfannau dysg. Ymddengys ei fod yn ymwybodol o faint yr her honno.

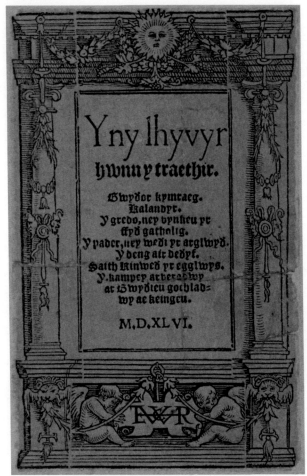

Y llyfr Cymraeg cyntaf i gael ei argraffu

… pan sylweddolais i fod cyfieithu gweddill yr Ysgrythurau i'r iaith Frytaneg yn beth mor fuddiol, nage, yn beth mor angenrheidiol (er imi gael fy atal am hir amser gan ymdeimlad o'm gwendid fy hun, aruthredd y gwaith, ac ysbryd maleisus rhai pobl), ildiais i geisiadau'r duwiolfrydig a goddef iddynt fy narbwyllo i ymgymryd â'r dasg bwysfawr a thrafferthus hon, tasg nad yw'n gymeradwy o gwbl yng ngolwg llawer. A minnau ond prin wedi ymgymryd â'r gwaith, byddwn wedi syrthio (fel y dywedir) ar y trothwy, wedi fy llwyr lethu gan anawsterau'r dasg a chan faint y gost, ac ni fyddwn wedi gallu gweld argraffu ond y Pum Llyfr, oni bai i'r Parchedicaf Dad yng Nghrist, Archesgob Caer-gaint, lwyddo i gael gennyf barhau gyda'r gwaith, a'm cynorthwyɔ â'i haelioni, ei ddylanwaɗ a'i gyngɔr.

Cyflwyniad William Morgan i Feibl 1588
(cyfieithiad o'r Lladin)

Mae'r geiriau hyn yn awgrymu llawer. Yn gyntaf, bod yna ymdeimlad o'r angen i gwblhau'r hyn roedd William Salesbury wedi ei wneud a bod pwysau wedi ei ddwyn ar William Morgan i ymgymryd â'r dasg a hynny, efallai, dros gyfnod o rhai blynyddoedd. Ymddengys ei fod yn betrusgar ar sail yr hyn welai fel ei wendid ei hun a sylweddoliad o faint yr her fyddai'n ei wynebu. Tybed ai'r plwyfolion hynny a oedd yn tynnu'n groes iddo yw'r bobl o ysbryd maleisus y cyfeiria atynt?

Dadlennol yw'r cyfeiriad at y rhai nad oedd y dasg yn gymeradwy ganddynt. Roedd gwrthwynebiad cryf i'r syniad o gyfieithu'r Beibl i'r Gymraeg gan rai a oedd yn gweld pwysigrwydd unffurfiaeth drwy'r deyrnas trwy gael pawb i siarad yr un iaith. Cytunai William Morgan a'i debyg â'r angen am unoliaeth. Eu dadl hwy oedd bod unffurfiaeth crefyddol yn llawer pwysicach ac y byddai cael Beibl Cymraeg yn fodd i sicrhau hynny, fel mae'n pwysleisio yn ei gyflwyniad,

'Oblegid er bod cael trigolion yr un ynys yn defnyddio'r un iaith a'r un ymadrodd yn beth sydd i'w fawr ddymuno, eto dylid ystyried ar y llaw arall fod maint yr amser a'r drafferth a gymerai i gyrraedd at y nod hwnnw yn golygu ewyllysio, neu o leiaf ganiatáu, fod pobl Dduw yn y cyfamser yn marw o newyn am Ei Air Ef, a byddai hynny'n beth llawer rhy farbaraidd a chreulon. Oblegid os na ddysgir crefydd yn iaith y bobl, fe erys yn guddiedig ac yn anhysbys.'

Beibl Hebraeg William Morgan gyda nodiadau yn ei law ei hun

Mae'n eithaf sicr mai wedi iddo symud i Lanrhaeadr yr ymgymrodd William Morgan â'r dasg o gyfieithu'r Beibl ac mae'n bosib y byddai marwolaeth Richard Davies yn 1581, yr Esgob a'i penododd i'w fywoliaeth gyntaf yn Llanbadarn ac a oedd mor allweddol yn ymddangosiad Testament Newydd 1567, wedi tanlinellu iddo bod y cyfrifoldeb bellach ar ei ysgwyddau ef.

John Whitgift oedd y 'Parchedicaf Dad yng Nghrist' y cyfeiria ato; tra'n Esgob Caerwrangon bu'n ddirprwy Lywydd Cyngor y Gororau rhwng 1577 a'i benodi'n Archesgob Caergaint yn 1583 ac mae'n bosib mai yn sgîl un o'r achosion cyfreithiol yn erbyn rhai o'i blwyfolion (a drafodir eto) y daeth William Morgan i ail-gysylltiad â'r cyn Athro Diwinyddiaeth yng Nghaergrawnt.

Mae iddo ef ran bwysig yn stori Beibl 1588. Diolcha William Morgan iddo am ei haelioni, ei gyngor a'i anogaeth a fu'n fodd i'w galonogi i fwrw ymlaen yn llawn egni yn y gobaith dichonadwy y byddai modd argraffu ei waith. Bu dylanwad yr Archesgob yn allweddol o ran derbyn cymeradwyaeth y Frenhines a'i Chyfrin Gyngor ac mae'n bur debyg iddo gyfrannu tuag at y gost o argraffu Beibl 1588. Do, hwylusodd y ffordd at sicrhau'r Beibl Cymraeg ond cofiwn mai ef hefyd a arwyddodd orchymyn dienyddio'r Piwritan digyfaddawd, John Penry, yn 1593.

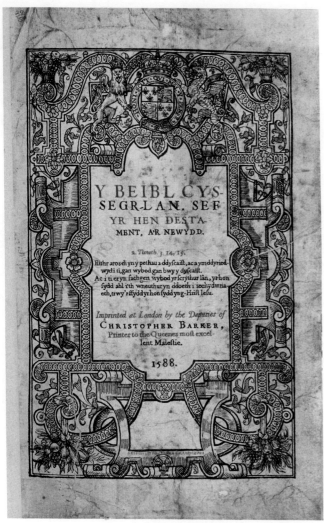

Wyneb-ddalen Beibl 1588

Yn ogystal â chanu clodydd Whigift, mae William Morgan yn rhestru eraill a fu o gymorth. Dywed iddo gael benthyg llyfrau gan Esgobion Bangor (Nicholas Robinson) a Llanelwy (William Hughes) a felly hefyd gan Gabriel Goodman, Deon Westminster. Disgrifia ef fel 'dyn gwironeddol dda, mewn gweithred yn ogystal ag mewn enw, a llwyr ymroddedig i bob duwioldeb' a dywed y byddai'n arfer 'ailddarllen yr hyn yr oeddwn wedi'i gyfieithu yn ei gwmni ef, ac yr oedd mor barod ei gymorth imi, gan fy helpu'n fawr iawn â'i lafur ac â'i gyngor'. Cafodd aros yn ei gartref ef yn Westminster am y flwyddyn y bu'n arolygu argraffu'r Beibl gan egluro iddo wrthod 'un gymwynas imi gan y Parchedicaf Archesgob (Whitgift) ... am fod Afon Tafwys yn rhannu ac yn gwahanu ei dŷ oddi wrth y wasg'. Nid oedd fawr o awydd gan William Morgan i gael ei rwyfo ar draws yr afon fore a nos!

Dywed hefyd nad 'dibwys ychwaith oedd yr help a gefais' gan dri arall, 'David Powel, Doethor mewn Diwinyddiaeth, Edmwnd Prys, Archddiacon Meirionnydd, Richard Vaughan, Profost Ysbyty Sant Ioan, Lutterworth' ond heb fanylu ar y cymorth yma.

Roedd Edmwnd Prys yn gyfaill bachgendod ac yn gyd-fyfyriwr i William Morgan yng Ngaergrawnt. Mae'r hynafiaethydd o Benmachno, Gethin Jones, yn dweud y byddai'n teithio'n rheolaidd o Faentwrog i Lanrhaeadr er mwyn cynorthwyo efo'r cyfieithu. Brodor o Nyffryn yn Llŷn oedd Vaughan ac roedd yntau wedi ennill graddau (B.A. yn 1574 a D.D. yn 1589) o Goleg Sant Ioan a bu'n Esgob Bangor am ychydig dros flwyddyn cyn symud i Gaer ym 1597 ac yna i Esgobaeth Llundain. Graddiodd David Powel o Goleg yr Iesu yn Rhydychen a bu'n ficer plwyfi Llanfyllin a Meifod yn ystod cyfnod William Morgan yn Llanrhaeadr. Er mai fel hanesydd y cofir amdano'n bennaf, cyfrifid ef yn un o gynrychiolwyr pwysicaf y Dadeni Dysg yng Nghymru, yn ddiwinydd ac ieithydd galluog.

Cafodd Beibl 1588 dderbyniad arbennig o wresog a hynny'n rhyfeddol o sydyn wedi ei gyhoeddi. Ni newidiwyd Testament Salesbury yn ei hanfod ond ystwythodd yr orgraff trwy gael gwared o eiriau Cymraeg hynafol a bron y cyfan o'r ffurfiau Lladinaidd gan gysoni'r sillafu ar batrwm y beirdd traddodiadol. Yn yr un modd cyfieithodd yr Hen Destament, gan gadw'n ffyddlon i'r gwreiddiol, i Gymraeg caboledig ac urddasol a oedd hefyd yn glir a darllenadwy. Roedd eglurdeb y gwaith, o'i gymharu ag ymdrechion Salesbury yn amlwg iawn ac yn denu llawer o sylw.

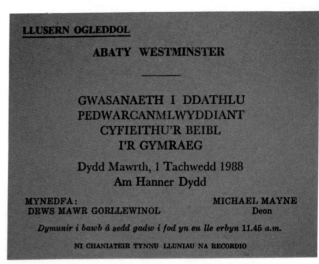

Dathlu yn y ddinas lle'r argraffwyd y Beibl

Stampiau'r Dathlu

CROESO MAWR I FEIBL WILLIAM MORGAN

Cyn gynhared â Nadolig 1588 dyma oedd anogaeth
Thomas Johns, offeiriad plwy' yn Sir Fynwy,

> Er mwyn prynu hwn rhag trais
> Dos gwerth dy bais, y Cymro.

a chanodd hefyd gyfres o 28 o benillion i ddangos ei
falchder gorfoleddus

> O dra rhwysg llawenydd mawr
> Yr wyf yn awr yn neidio,
> Yn ôl tywyllwch llyg a llen,
> Wrth weld tynghedfen Cymro.

Dywed bardd arall, Ieuan Tew, mai

> Y Beibl maith yn ein hiaith ni
> Yw'r haul yn rhoi'i oleuni.

ac yn ôl Sion Tudur roedd y Beibl yn

> Dwyn gras i bob dyn a gred
> Dwyn geiriau Duw'n agored.

Canodd ef gywydd gofyn i'r 'Doctor Morgan i erchi
ganddo Feibl Cymraeg', cywydd sy'n clodfori a
dyddio'r cyfieithiad

> Yr athro mawr wrth rym wyd,
> Urddas gwaed a'r ddysg ydwyd.
> Mil a chwechant, tyfiant teg,
> Oed Duw oedd, onid deuddeg,
> Pan y troist bob pennod draw,
> I'r bobl drist, o'r Beibl drostraw.
> Pa ynysoedd? Pa nasiwn
> Heb bwyll fawr hap y llyfr hwn?
> Gosodaiast, nodaist yn ôl,
> Gymraeg rwydd, Gymro graddol,
> Yn cadw rhuwliad gramadeg
> Yn berffaith, Frytaniaith teg.
> Iaith rwydd gan athro iddyn'
> A phawb a'i dallt a phob dyn.[1]

1 Cynhwyswyd y cerddi hyn fel atodiad i Y Beibl droes i'w bobl
draw, R. Geraint Gruffydd, Corfforaeth Ddarlledu Brydeinig,
1988 ac un cywydd ychwanegol fel atodiad i ddarlith yr un
awdur, William Morgan: Dyneiddiwr, Coleg Prifysgol
Abertawe, 1988

Mae'r ymateb canmoliaethus iawn mewn rhyddiaith gan rai a oedd yn arddel credoau gwahanol iawn i'w gilydd yn dangos bod croeso eang, yn ogystal â brwd, i'r cyfieithiad. Yn ôl y Pabydd o Aberhonddu, Sion Dafydd Rhys, yn ysgrifennu yn 1590 roedd y Gymraeg 'yn awr yn hwyr ac o fraidd (wedi dechrau) caffael peth gwrtaith gan wyrda dysgedig o'n hamser ni, a hynny yn enwedig o ran Cymreicáu corff yr Ysgrythur Lân'.

Bedair blynedd yn ddiweddarach, cyfeiriodd yr offeiriad eglwysig o Sir Gaernarfon, Huw Lewys, at y cyfieithydd fel 'y gwir ardderchawg ddyscedig, Dr Morgan, i bwy un y mae holl Gymru byth yn rhwymedig, nid yn unig am ei boen a'i draul yn hyn eithr hefyd am iddo ddwyn y cyfryw drysor, sef gwir a phurlan air Duw, i oleuni yn gyffredinol i bawb'.

A'r un flwyddyn disgrifiodd y Piwritan o Groesoswallt, Morus Cyffin, Feibl William Morgan fel 'gwaith angenrheidiol, gorchestol, duwiol, dyscedig; am yr hyn ni ddichyn Cymru fyth dalu a diolch iddo gymaint ag a haeddodd ef'.

Ni phallodd y canmol a'r gwerthfawrogi dros y canrifoedd. Canodd y bardd lleol, Gethin Jones, i'w gampwaith yn y bedwaredd ganrif ar bymtheg:

> Ei genedl a rydd ogoniant – i rwysg
>   Yr Esgob o Wybrnant:
>   Er ei gof boed tyrau gant
>   O Benmachno i Mochnant.

> Geiriau'r Ior tra gwar Eryri – a geir
>   Yn gof o'i gampwri:
>   Ym mrig nef – ein Morgan ni
>   Ar geryb sy'n rhagori.

a meddai J.H. Roberts (Monallt), a anwyd yn 1900:

> Hudo rhywiog gystrawen
> I roi lliw a blas i'r llên;
> O fewn i'w rhwysg llifai'n rhydd
> Idiom wen ffrwd ym mynydd.

> Yr iaith Roeg a'i thoreth rhin
> A'r oludog, wâr Ladin,
> Hithau'r Hebraeg lathr ei bri
> Ar ffawd y gwir broffwydi
> Yn eu heniaith eu hunain, –
> Cerddi'r Ffydd yn gelfydd gain.

> Mêr y Gymraeg yma a roes
> I wanwyno ei heinioes;
> Rhoi i'r Gair ei ddisgleirwisg
> Reiol a'i werinol wisg;
> Rhannu â'r Cymru uniaith
> Fanna'r Nef yn yr hen iaith.

Pan ddaeth yn adeg dathlu pedwar canmlwyddiant y cyfieithu, roedd William Morgan a Beibl 1588 yn destunau amlwg mewn sawl eisteddfod ac ymryson. Mae Myrddin ap Dafydd yn cloi ei gywydd cyd-fuddugol yn Eisteddfod Bro Madog, 1987 gyda'r pennill canlynol,

> Yng ngwinllan Morgan, mae iaith
> O hyd nad yw yn llediaith–
> Er colli, colli cyhyd,
> Mi ddaw tro tra bo bywyd;
> Mae elfen rhy hen i oed
> Yn cynnal pedwar cannoed.

A'r un bardd, ar ran tîm Nant Conwy, luniodd yr Hir a Thoddaid hwn mewn ymryson yn Ysbyty Ifan ym mlwyddyn y dathlu

Wrth gannwyll hwyrol uwch ei gyfrolau,
Hwn a agorodd gloeon y geiriau;
Rhoi drws llydan i heulwen y llannau,
Rhoi dydd o lawenydd i'n calonnau;
Rhoi i iaith rym i barhau, – rhoi gwawr lwyd,
A rhoi i'n haelwyd ffenestri'n olau.

tra mae Gwynn ap Gwilym yn diweddu ei gywydd yntau, Cerdd Gomisiwn y Dathlu, fel hyn

Rhodd hardd i Gymru ddi-hid,
Yn ei chlasau ni chlywsid
Geiriau doeth diguro'i Duw
Na'i Harglwydd yn wir hyglyw.
Ond gwyliai Duw, ac wele,
Troes ein haith yn iaith y ne.

Dôi gair proffwydi geirwir
Yr Hebraeg yn Gymraeg ir.
Am hynny rhof am unawr
Gân i'r Esgob Morgan mawr.
A diolch i Dduw Dewi
Am i'r Mab droi'n Gymro i mi.

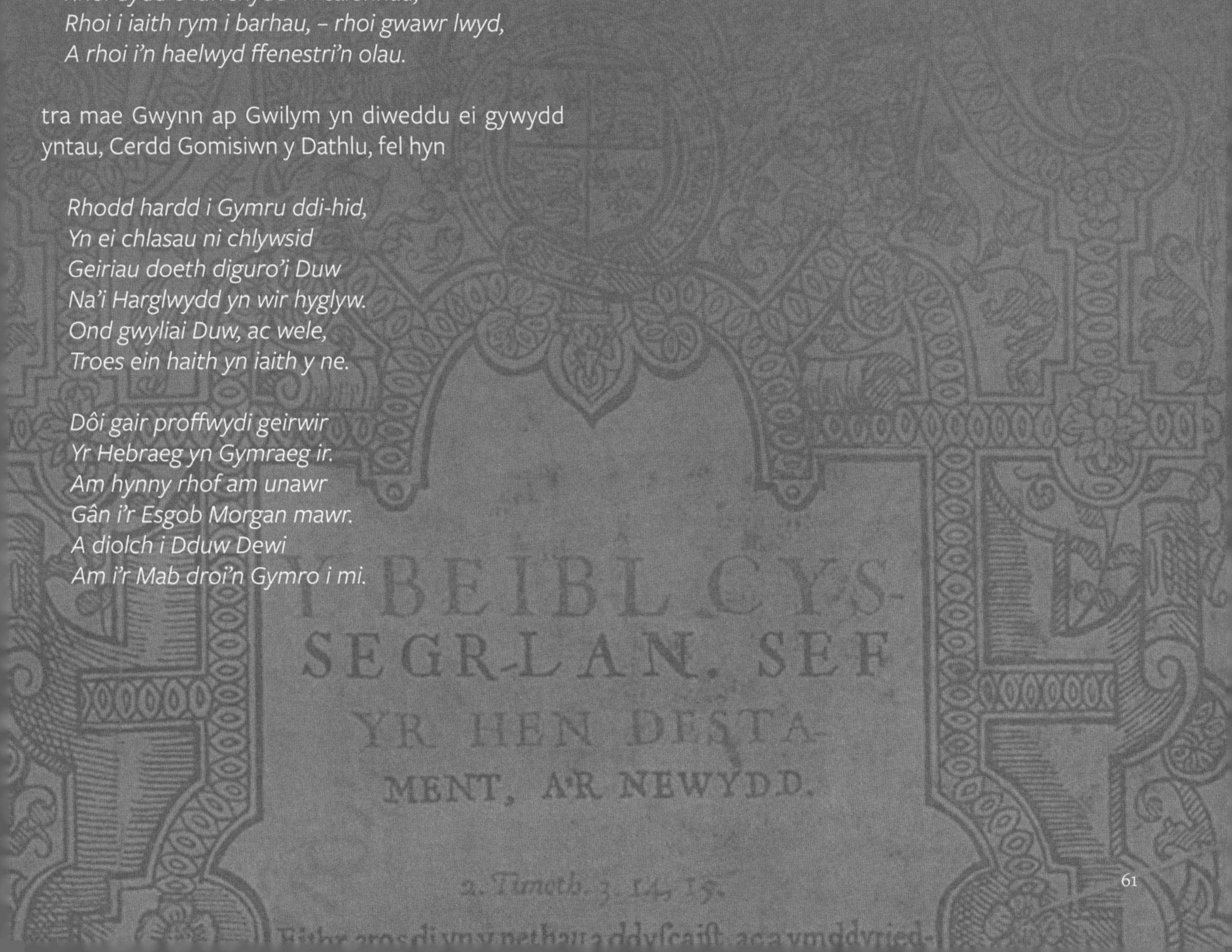

Y BEIBL CYSSEGR-LAN. SEF
YR HEN DESTAMENT, A'R NEWYDD.
2. Timoth. 3. 14, 15.

Mae Gwenallt yn llwyddo i grisialu'r cyfan yn ei gerdd adnabyddus
i'r Esgob William Morgan, o'i gyfrol *Gwreiddiau* a gyhoeddwyd yn 1959:

> Gwelai ef nad oedd y Gymraeg ond tafodiaith gyffredin
>   Ffair, fferm, baled a thelyn a thôn;
> Ac na allai'r tafod a barablai ym marchnadoedd Mynwy
>   Ddeall y tafod gyddfol ym marchnadoedd Môn.
>
> O'i flaen canfyddai ef yn seddau'r Eglwys
>   Ei bobl yn eistedd y tu hwnt i derfynau gras,
> Fel defaid ac ŵyn ei gynefin yn crwydro ar eu cythlwng
>   Ar y mynyddoedd estron heb ganddynt yr un blewyn glas.
>
> Am hynny ef a lafuriodd i ollwng y Llyfrgell Sanctaidd
>   O hynafol groen yr Hebraeg a rholiau brwyn y Roeg;
> A gras syfrdanol i'r Cymry oedd clywed am y tro cyntaf
>   Y Tad, y Mab a'r Ysbryd yn parablu yn Gymraeg.
>
> Iechydwriaeth o Sir Fôn i Sir Fynwy ydoedd clustfeinio
>   Ar eiriau ac actau'r Meseia mewn rhyddiaith gyffredin a hardd:
> A'i glywed yn bendithio'r gwin a'r bara yn yr Oruwch-ystafell,
>   Yn marw, yn codi ac yn esgyn yn iaith bendefigaidd y bardd.
>
> Canmolwn ef am ei ddycnwch, ei ddewrder a'i santeiddrwydd
>   Ac am ei gymorth i gadw'r genedl a'r iaith lenyddol yn fyw,
> Gan roddi arni urddas ac iddi'r anrhydedd uchaf
>   Wrth ei throi yn un o dafodieithoedd Datguddiad Duw.

Cywydd ynghylch y milgi a'r gwyddau

Ymysg y cywyddau mawl a luniwyd i gyfieithydd y Beibl mae un gwahanol ac annisgwyl iawn. Cywydd ydyw gan y bardd Rhys Cain, tua canol yr 1580au, a roir yng ngenau William Morgan wedi iddo dderbyn rhodd o wyddau (a aethant ati i ladd ei wyddau ef a'i filgi) gan Ficer Abergele,

> Syr Siôn, gysurus ei wedd,
> Fychan (*pwy well ei fuchedd?*):

Wedi ei ganmol am ei haelioni,

> Mae'n rhwydd am win a rhoddion,
> Am a roes ef y mae'r sôn:

sylweddolodd bod ochr arall i'r rhodd hon

> Dull Siôn deellais ei waith
> Dull hael ac yn dwyll eilwaith!
> Rhoes rodd fawr o'i fodd yn fau,
> Rhodd ddrwg megis rhyw ddreigiau ...

> Gwaeth no'r Harpiaid a gaid gynt,
> Gwyddau'n fy ngolwg oeddynt ...
> Rhai'n llwydion oedd wylltion ddig,
> Rhai'n wynion rhy wenwynig,
> Mal gwyrain milain eu modd,
> Mulfrain yn germain gormodd,
> Eu gyddfau yn fwau fydd
> I fyned i'r afonydd,
> Cywion, ar don afon deg,
> Crygion yn crïo 'Wegeg' ...

yna, wedi

> Troi'r adar anhawddgar hyn
> At wyddau'n cut oeddyn'

bu cyflafan fawr

> Lladd y lleill, nid llwydd wellau,
> Lladdiad ar yr holl wyddau:
> Dyna afrad o adar,
> Dyna bla gwyllt dan blu gwâr!

Ac nid dyna ei diwedd hi! Roedd gan William Morgan 'milgi dewr yn amlwg draw' a ddioddefodd yr un dynged

> Dragon cryf, dewr egni craff,
> O enw 'Teigr', hynod hygraff ...
> Cyrchu iddo, croch weiddi,
> Cydymguro, carpio'r ci,
> Torri ei galon, trig alaeth,
> Tyllu ei gnawd, hwynt oll a'i gwnaeth,
> Pigiadau pigau ydoedd,
> Pob un a'i phig drwy ei gig oedd!

Wedi mynegi ei golled o'i filgi yn ogystal â'i wyddau

> Minnau'n hytrach yn achwyn,
> Am fy nghi y mae fy nghwyn ...

'does ryfedd iddo benderfynu na fyddai'n dymuno derbyn rhagor o roddion gan Syr Siôn!

> O'i dda ef pe rhoi ddeufwy,
> Achos mawr, ni cheisia mwy!

'LLAIN RHY DRIST LLANRHAEADR OEDD' – WILLIAM MORGAN A'I HELBULON

Ychydig iawn o wybodaeth sydd ar gael am fywyd personol William Morgan ar wahân i'r hyn sydd i'w ganfod mewn cofnodion llys am ei ran mewn sawl achos ac ymrafael cyfreithiol.

Bu'n esgob cydwybodol iawn yn Llandaf a Llanelwy, gan roi pwyslais mawr ar yr angen i offeiriaid plwyf bregethu'n gyson a chan wario'n helaeth o'i arian ei hun i gynnal a chadw a gwella adeiladau. Lluniwyd awdl ac o leiaf pedwar cywydd ar ddeg iddo ef a'i wraig gan wyth o feirdd. Canmolwyd haelioni y croeso ond, wrth gwrs, roedd y beirdd eisiau sicrhau y byddai'r drws yn dal yn agored iddynt!

Fel clerigwyr eraill y cyfnod, daliodd amryw o segurswyddi yn yr Eglwys, yn derbyn yr incwm o'r swydd ond yn talu llai na hynny i eraill wneud y gwaith. I ddyn fel William Morgan o deulu o fân ysweiniaid, roedd y swyddi hynny'n hanfodol iddo fedru parhau â'i astudiaethau academaidd yn ŵr ifanc ac yna'n ddiweddarach i gynnal ei hun fel Esgob yn wyneb holl ymrwymiadau ariannol disgwyliedig y swydd honno. Gallwn ddweud yn bur ffyddiog nad dyn barus ac ariangar oedd William Morgan, fel a brofir gan y rhestr cyfyngedig o eiddo a'r ychydig dros £100 a adawodd yn ei ewyllys.

Yn Llanrhaeadr y digwyddodd yr helbulon gwaethaf a ddaeth i'w ran a hynny dros y rhan helaethaf o'r amser y bu'n offeiriad yno a llinell o gywydd moliant Owain Gwynedd iddo a ddyfynnir uchod. Ei brif wrthwynebydd oedd Ifan Maredudd, gŵr pwerus a dylanwadol o Lloran Uchaf ym mhlwyf cyfagos Llansilin. Roedd yn gyfreithiwr profiadol a thwrnai yn llys Cyngor y Gororau.

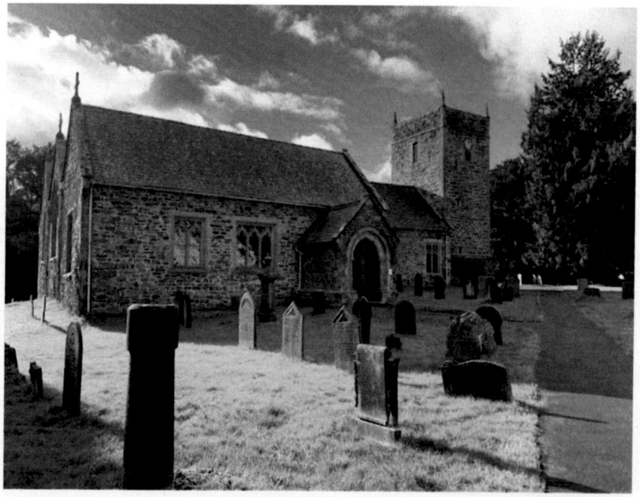

Eglwys Llanrhaeadr-ym-Mochnant

Yn fuan wedi cyrraedd Llanrhaeadr priododd William Morgan â Catherine ferch George, gwraig weddw a oedd yn hanu o deulu digon cyffredin o Groesoswallt. Roedd ei chyn ŵr, William Lloyd o Lanfair Talhaearn, yn hŷn na hi ac roedd yn dra chefnog. Roedd ei gŵr cyntaf yn perthyn i Ifan Maredudd ac nid oedd teulu Lloran yn hapus eu bod yn colli gafael ar ei chyfran hi o'r etifeddiaeth. Yn wir, un o'r cyhuddiadau yn erbyn Catherine oedd ei bod wedi twyllo ei ffordd i briodi'r hynafgwr i gael gafael ar ei gyfoeth ac wedi arwain ar iddo fynd i'w fedd yn gyn-amserol.

Gwaethygodd pethau wedi i William Morgan ymyrryd, yn ddigon annoeth efallai, i gynorthwyo i sicrhau bod aeres ifanc gyfoethog Maes Mochnant, Catherine Lloyd, yn priodi Richard Wynn, mab ei hen noddwr, Morus Wynn o Wydir, a brawd i Syr John. Ymddengys bod bwriad ar droed iddi briodi un o deulu Lloran.

Ac i suro'r berthynas fwy fyth cyflwynodd dystiolaeth yn erbyn Ifan Maredudd i lys eglwysig Esgobaeth Llanelwy yn 1579 ei fod 'yn byw'n bechadurus' â Marged ferch Elis, er bod ganddo wraig honedig arall, Ann ach Siôn, yn dal yn fyw. Wedi i'r mater gael ei drosglwyddo i sylw Llys yr Uchel Gomisiwn yn Llundain dan lywyddiaeth John Whitgift galwyd William Morgan i ymddangos fel tyst. Nid oes cofnod o ganlyniad yr achos ond roedd Ifan yn dal i fyw gyda Marged hyd at o leiaf 1590.

Parhaodd yr ymgecru a'r ymgyfreithio trwy gydol yr 1580au ac Ifan erbyn hyn yn elyn anghymodlon. Perswadiwyd eu ffrindiau a'u tenantiaid gan deulu Lloran i oedi rhag talu'r degwm neu i beidio a'i dalu'n llawn gan orfodi William Morgan i fynd drwy'r broses drafferthus a chostus o'u gwysio i ymddangos o flaen y llysoedd eglwysig. Rhoddai hynny'r cyfle i'w gyhuddo yntau o fod yn ariangar a barrus, yn mynnu pob ceiniog oedd yn ddyledus, ac o gam-ddefnyddio ei ddylanwad fel offeiriad i erlid ei elynion.

Aeth pethau o ddrwg i waeth a gorfodwyd ef yn 1590 i ddwyn achos gerbron Llys y Seren yn Llundain a'r flwyddyn ganlynol cyflwynodd Ifan Maredudd wrthachos yn ei erbyn yntau. Mae traddodiad lleol bod Marged yn arfer taflu cerrig at elynion fyddai'n meiddio dod yn agos at Lloran Uchaf ac, yn wir, ymysg yr honiadau a wnaed gan William Morgan oedd bod ganddi yn ei chwmni 'nifer o wragedd cryf gyda'u ffedogau'n llawn o gerrig'. Ceir llawer o wybodaeth am yr helyntion yng nghofnodion y llys hwnnw ond, yn anffodus, nid oes cofnod o beth fu'r dyfarniad – os aeth pethau cyn belled â hynny.

Yn Ebrill 1589, yn unol â chyfarwyddyd y Cyfrin Gyngor i offeiriaid plwyf, roedd ficer Llanrhaeadr wedi casglu ynghyd nifer o ddynion a fyddai'n barod i amddiffyn y deyrnas ac roedd wrthi'n eu hyfforddi ar dir comin ger ei gartref pan gyrhaeddodd ei arch-elyn gyda nifer fawr o ddynion. Ymgiliodd y ficer a'i wŷr ef i'w dŷ a'i ardd er mwyn osgoi gwrthdaro ond cawsant eu hamgylchynu yno. Honai William Morgan ei fod wedi cael ei gadw'n gaeth a than warchae yn ei dŷ ei hun a chyhuddwyd dilynwyr Ifan o dorri i mewn i dŷ ei gurad, Lewis Hughes, y noson honno pan oedd ef a'i wraig yn eu gwelyau ac o ymosod arno. Ateb Ifan Maredudd oedd eu bod wedi mynd yno'n gwbl ddiniwed i ofyn am fenthyg telyn er mwyn cynnal noson lawen mewn tafarn gerllaw!

Does dim rhyfedd bod William Morgan yn cyfaddef ei fod yn ofni cymaint am ei ddiogelwch fel ei fod yn cario gwn gydag ef o dan ei wisg offeiriadol, gan gynnwys i wasanaethau yn yr eglwys. Cyhuddwyd Ifan Maredudd o feithrin atgasedd tuag ato ac o geisio gwneud ei fywyd yn annioddefol ac o ddefnyddio ei gysylltiadau efo Cyngor Cymru a'r Gororau i gosbi ei elynion

Yn ei dro, mae rhestr hir o gyhuddiadau ganddo yntau yn erbyn ei ficer, yn cynnwys amlblwyfoliaeth ac o esgeuluso ei ddyletswyddau. Yn sicr, roedd William Morgan yn elwa o sawl bywoliaeth ond nid oedd hynny'n anghyffredin ar y pryd ac nid oes tystiolaeth glir o pa ddyletswyddau nad oedd yn cael eu cyflawni.

Cyhuddir ef o ymgyfoethogi ar draul ei blwyfolion trwy gymryd meddiant o ddeuddeg o ffermydd a daliadau gan amddifadu trigain o bobl o'u bywoliaeth a'u gorfodi i fyw ar gardod ac yna eu hatal rhag casglu tanwydd ar ei dir gan fygwth llosgi eu tai. Dywedir hefyd ei fod yn ddau-wynebog, yn cynnig elusen yn gyhoeddus ar y Sul i'w ffefrynnau ond yn troi tlodion ymaith o ddrws ei dŷ a'u bygwth â chi (*a great mastiff*).

Yn annisgwyl, mae William Morgan yn cydnabod iddo grybwyll llosgi'r tai ond nad oedd ganddo fwriad o gwbl i gyflawni'r bygythiad. Ar y llaw arall, tystiodd ei gefnogwyr i'w haelioni i dlodion ac mae'r beirdd yn fawr eu clod iddo am y croeso fyddai i'w gael ar ei aelwyd. Canmolwyd ef (gyda'r ormodiaeth arferol!) gan Huw Machno am ei barodrwydd

'I rannu ei aur a'i winoedd,
I roi i wan arfer oedd:
Da fu, da yw i'n byw, da bydd
I dlodion dwy o wledydd:
Cryf a gwan, nodais un wedd,
A dynnant i'w dŷ annedd.
O ran gwledd, wawr fonheddig,
A bir a chan brau a chig
Gallai enwog, lle henwir,
Gwawr Siors hael groesawu'r sir!

Cyhuddwyd ef hefyd o daro ei fam-yng-nghyfraith (*cruelly and causelessly beaten*) a bwriwyd sen ar Catherine fel un cwbl anaddas i fod yn wraig i offeiriad. Honwyd ei bod 'y ffurf mwyaf anllad ar fywyd ac o'r ymddygiad mwyaf amharchus o unrhyw wraig o fewn cof unrhyw ddyn yn y wlad lle mae'n byw' a disgrifiwyd hi fel '*wafer woman*' a arferai fynd o dafarn i dafarn ac o dref i dref, gyda'r awgrym ei bod yn cynnig mwy na bisgedi!

Mae William Morgan yn cyfaddef iddo daro ei fam-yng-nghyfraith yn ysgafn (*with the fingers' ends give her a little flick or pat upon the chin or cheeks*) wrth iddo ei cheryddu am annog ei weision i ymosod ar ei elynion yn dilyn diwrnod o ymladd gwaedlyd ar ddydd Mawrth

y Pasg, 1590. Cydnabu Ifan na fyddai wedi datgelu'r honiadau yn erbyn Catherine oni bai bod William Morgan wedi tystiolaethu yn erbyn ei wraig ef flynyddoedd ynghynt – awgrym efallai mai bachu ar y cyfle i ddial oedd yn ei ysgogi.

Er na wyddys beth a ddigwyddodd, mae'n ymddangos i Syr John o Wydir ymyrryd a sicrhau rhyw fath o gadoediad os nad cyfaddawd. Efallai i hynny achub croen William Morgan; dywed iddo wario £100 yn fwy nag a oedd ganddo ar gostau'r holl achosion llys. Mae'n siŵr bod y ddwy ochr yn falch pan fyddai hanner hyd y wlad rhyngddynt wedi dyrchafu'r ficer yn Esgob Llandaf.

Ymddengys i'w gyfnod fel Esgob Llandaf fod yn ddigon esmwyth ond nid felly'r ychydig flynyddoedd a dreuliodd yn Llanelwy. Unwaith eto tynnodd wŷr cyfoethog, dylanwadol a phenderfynol i'w ben.

Yn 1602 datblygodd ffrae rhyngddo a theulu'r Holandiaid o Deirdan ym mhlwyf Llanelian-yn-Rhos ar gownt taliadau a thiroedd eglwysig a hwythau'n disgwyl cael manteisio arnynt er eu lles eu hunain. Ymyrrodd Syr John unwaith yn rhagor gan resymu y byddai costau cyfreithiol yr Esgob gymaint fel na fyddai o fawr werth iddo hyd yn oed pe byddai'n ennill y ddadl.

Y flwyddyn ganlynol, Syr John ei hun oedd ei wrthwynebydd, a degwm eithaf sylweddol plwyf Llanrwst oedd yn y fantol y tro hwn. Gyda'i blasty mawreddog ar gyrion y dref, disgwyliai sgweier Gwydir y byddai William Morgan yn caniatáu rwydd hynt iddo brynu les degwm y plwyf. Cafodd ei wrthod ac, mewn cyfres o lythyrau rhyngddynt, mae Syr John yn edliw'r holl gymwynasau a gafodd yr Esgob gan ei deulu – cael ei addysgu yng Ngwydir, ei gefnogi yn ei helyntion yn Llanrhaeadr ac yn erbyn yr Holandiaid a defnyddio ei ddylanwad iddo gael ei benodi'n Esgob. Ar ben hynny, cyhuddodd William Morgan o dorri addewid gan ei atgoffa ei fod yn ddisgynnydd i deulu o daeogion a gweision i Wydir.

Mae atebion William Morgan yn llai ymfflamychol ond mae'n ddigon dewr i wrthwynebu un o ddynion mwyaf pwerus gogledd Cymru. Tra'n cydnabod ei ddyled i Syr John mae'n dadlau nad dyled i'w thalu ar draul yr Eglwys yw hi gan ychwanegu ei fod yn gobeithio y byddai ganddo ddigon o ras i wrthod hyd yn oed pe byddai'r cais wedi ei wneud gan ei dad a'i fam ei hun! Ond roedd yntau hefyd yn awyddus i gadw bywoliaeth Llanrwst iddo'i hun. Ni fyddai dim yn anghyffredin yn hynny – gwnaeth ei ragflaenydd fel Esgob Llanelwy, William Hughes, a'i olynydd, Richard Parry, yr un peth – ac mae'n bur debyg y byddai wedi defnyddio'r incwm er lles ei esgobaeth. Erbyn hyn roedd yn wael ei iechyd (yn ei lythyr olaf at John Wynn yng Ngorffennaf 1604 mae'n arwyddo ei hun fel *'your sickly neighbour'*) a bu farw cyn i'r mater gael ei benderfynu.

Yr argraff a gawn o'r holl helbulon hyn yw fod William Morgan yn ddyn oedd yn barod i sefyll dros yr hyn oedd yn iawn yn ei dyb ef heb efallai ystyried y problemau personol fyddai'n codi yn sgîl gwneud hynny – boed hynny trwy hyrwyddo achos Gwydir, y teulu yr oedd mewn dyled iddynt, yn fuan wedi iddo gyrraedd Llanrhaeadr, yn tystio yn erbyn Ifan Maredudd pan gredai fod hwnnw'n tramgwyddo neu'n amddiffyn buddiannau'r eglwys y cysegrodd ei fywyd i'w gwasanaethu rhag crafangau tirfeddianwyr uchelgeisiol.

Barn gyffredinol haneswyr yw i William Morgan ymddwyn yn rhesymol a chymesur ac urddasol trwy'r helyntion tra'n dal ei dir yn gadarn yn erbyn gelynion pwerus. Efallai y gallai fod yn unplyg os nad penstiff ar brydiau ond dichon hefyd mai'r nodweddion hynny o ddycnwch a roddodd iddo'r penderfyniad i ddyfalbarhau, cyn ac wedi 1588, efo'r llafurwaith enfawr o gyflwyno'r ysgrythrau i'w gydwladwyr yn eu hiaith eu hunain er gwaethaf trafferthion a phroblemau lu.

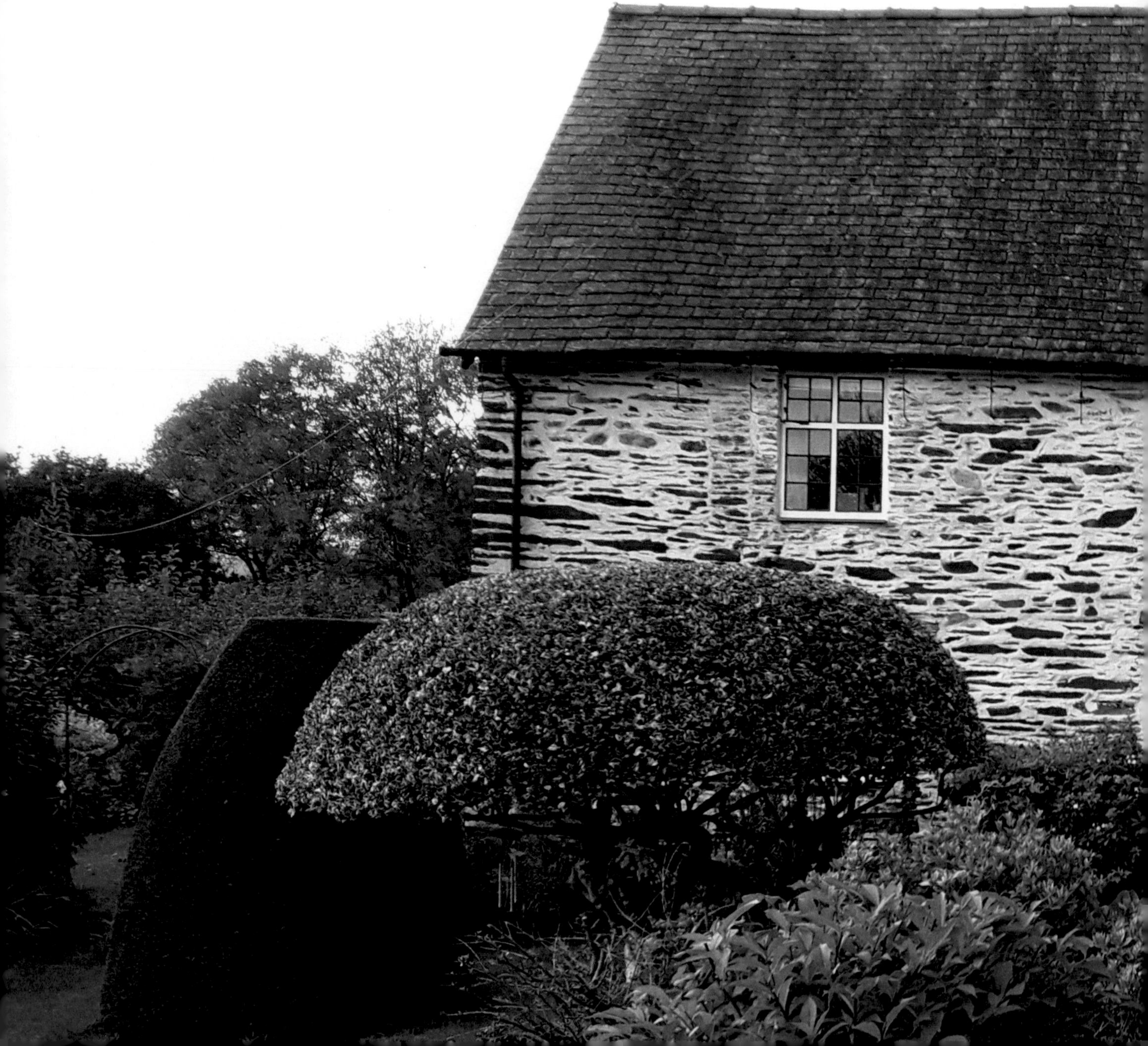

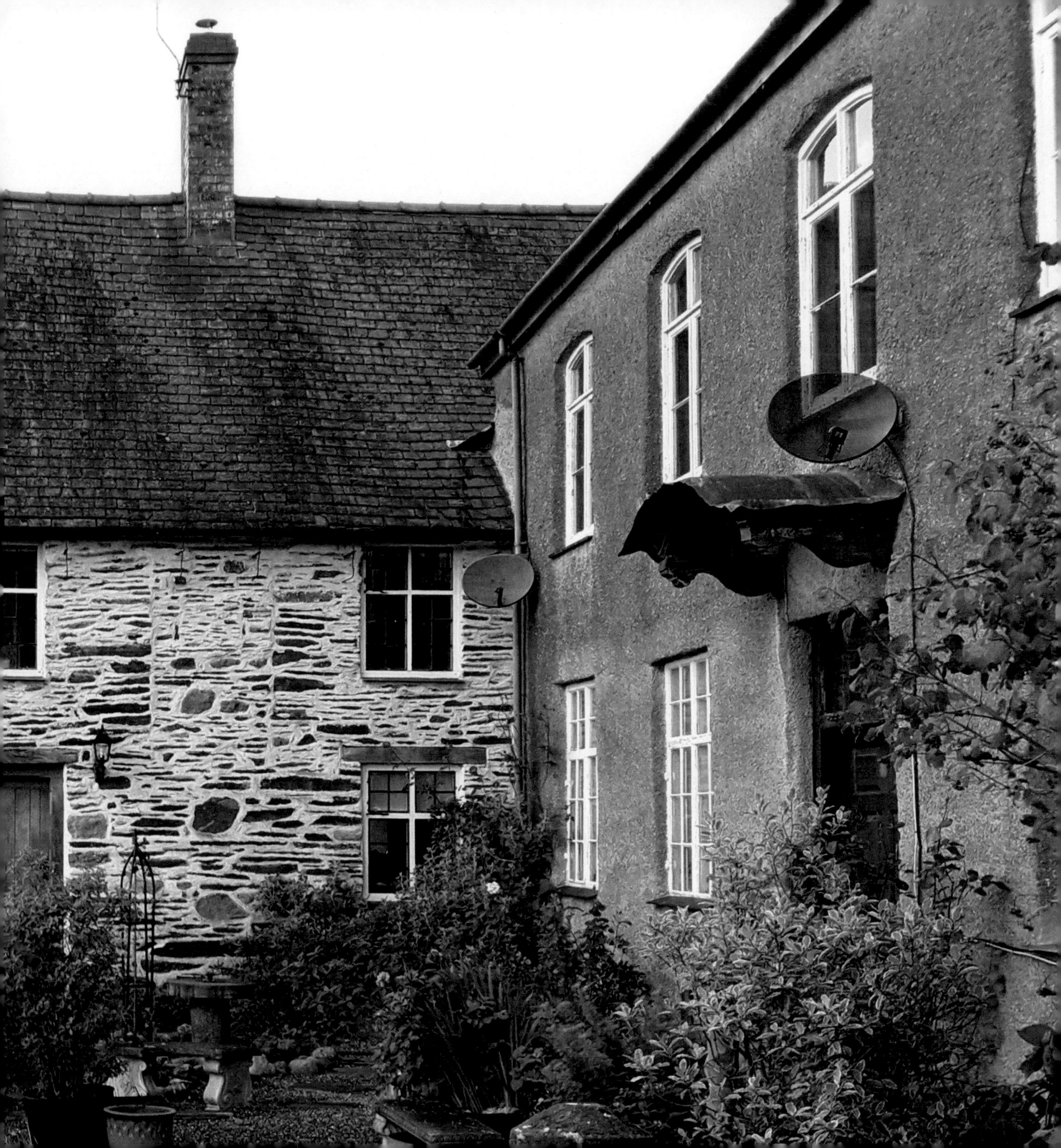

BRO WYBRNANT

Yr Wybrnant
(*Llanrwst, 1951*)

Ni wêl yr estron ddim ond harddwch coed
Pan ddaw ar antur i'w thawelwch trwm,
A ffola ar ryw hedd a fu erioed
Yn etifeddiaeth hen i lawer cwm;
Ac ni chlyw ddim ond stŵr y dŵr ar daith
A'r bwrlwm didor didaw ar y gro,
Neu chwiban gwynt, a glywyd lawer gwaith
Ym mhob rhyw bant a dyffryn er cyn co'.
Odid na wêl y Cymro 'henwr mwyn'
Dan bwys prysurdeb gwargam wrth ei dân,
Odid na chlyw yng ngolau cannwyll frwyn
Gripian ei gwilsyn hyd yr oriau mân.
Cofia, fy mrawd, ei hir anhunedd ef,
A'r sêl a droes dy iaith yn iaith y nef.

Emrys Edwards

Wybrnant
Bu mwy nag un cynnig ar esbonio'r enw *Wybrnant*.
Yr hen esboniad oedd mai cyfuniad ydi'r enw o *wiber*
neu *gwiber* a *nant*, a *gwiber* yn air am neidr wenwynig
– y *viper* yn Saesneg. Yn wir, roedd rhai'n adrodd stori
fawr liwgar am sarff a neidr yn yr ardal mewn hen
gyfnod – heb boeni mai *Gwibernant* fuasai'r enw
petai'n cynnwys y gair *gwiber*.

Cynigiodd eraill mai'r gair *wybr*, fel yn *wybren*
'awyr', sydd yn rhan gynta *Wybrnant*. Dyna oedd
barn y diweddar Athro J. Lloyd-Jones, ysgolhaig
Cymraeg disglair iawn a'i wreiddiau yn yr ardal. Un o

hen ystyron *wybr* oedd 'cwmwl', meddai o; felly nant
y cymylau oedd – ac ydi – Wybrnant. Dilyn yr un
trywydd a wnaeth R.J. Thomas a'r Athro Melville
Richards wrth gynnig mai nant â llawer o dawch yn
codi ohoni ydi Wybrnant; meddwl am *wybr* 'awyr'
oedden nhwytha.

Mi fentra inna anghytuno a chynnig esboniad
gwahanol. Meddyliwch am enwau eraill lle mae *nant*
yn ail elfen – *Sychnant* a *Hirnant*, er enghraifft. Yma
mae ansoddair o flaen *nant* yn rhoi inni ddisgrifiad
daearyddol o nant sych a hir. Mae'r un patrwm yn yr
enw *Garnant*, o *Garwnant*, nant arw, ac yn *Cadnant*,
lle mae'r un *cad* ag sy'n *cadarn* – hynny ydi, nant yn
llifo'n gadarn a nerthol.

Roedd yna hen ansoddair *ewybr* yn golygu 'buan,
cyflym, chwim, clir'. Cydiwch hwn wrth nant a dyna
ichi *Ewybrnant*, yn disgrifio nant sy'n llifo'n gyflym
neu'n glir iawn ei dŵr. Mae'r acen yn Gymraeg ar y
sillaf ola ond un mewn gair, ar *wybr* yn Ewybrnant.
Roedd yr e ar y dechrau, felly, yn ysgafn. Fc'i collwyd.
Aeth *Ewybrnant* ar lafar yn naturiol yn *Wybrnant*.
Mae hwn yn symlach esboniad. Mae hefyd yn dilyn
patrwm enwau fel Sychnant, Hirnant, Garnant,
Cadnant a Mochnant.

Bedwyr Lewis Jones, Yn Ei Elfen,
Gwasg Carreg Gwalch (1992)

Wybrnant – byd bach ynddo'i hun!

Mae Wybrnant yn lle arbennig; wrth gyrraedd yno, cewch y teimlad eich bod yn troi eich cefn ar y byd mawr prysur, byd na welir mohono o Wybrnant, mwy nag y gwelir Wybrnant o'r tu allan chwaith, gan fod y cwm wedi ei guddio gan lechweddau serth. Gellir cyrraedd yno ar hyd ffordd serth a chul dros y gefnen o Benmachno neu trwy ddilyn ffordd droellog, dyllog, aml ei gatiau a chulach a serthach fyth o gyffiniau Pont-ar-Ledr ger Betws-y-coed, heibio i hen gapel Cyfyng. 'Does ryfedd bod arwydd yng ngheg y ffordd honno'n datgan *nad* oes fynediad i Dŷ Mawr ar hyd iddi!

Ond mae'n gwm sy'n llawn hanes – ac nid oherwydd yr William Morgan yn unig – a bu, dros y canrifoedd, yn ganolbwynt cymdogaeth fywiog. Dyma'r ffordd hwylusaf o deithio rhwng Dolwyddelan a Phenmachno ddyddiau fu ac mae'n bur debyg bod Wybrnant ar lwybr y porthmyn ac felly'n lle prysur ac yn agored i ddylanwad y byd tu hwnt. Er mor ddiarffordd yr ymddengys i ni heddiw, nid oedd ddim gwahanol i gynifer o gymdogaethau anghysbell a thenau eu poblogaeth eraill yn nyddiau'r Esgob.

Cymdogaeth o ffermydd a thyddynnod mynyddig fu yno dros y canrifoedd, gydag o leiaf deg yn ystod y bedwaredd ganrif ar bymtheg – Cae Gwayw, Tŷ Coch, Talar Gerwin, Ty'n-y-bedw, Tŷ Mawr, Glan-yr-afon, Pwll-y-gath a Than-y-clogwyn yn y cwm ei hun, a Thŷ Nant, Bwlch-y-maen, Fedw Deg a Hafod-y-chwaen yn uwch i fyny ar y llechweddau rhwng Wybrnant a Phenmachno. Erbyn heddiw, Fedw Deg yw'r unig ffarm sydd ar ôl, tra bod Tŷ Coch yn ganolfan ferlota a'r gweddill dan goed pinwydd neu'n dir pori i ffermydd eraill.

Tŷ Mawr Bach a Nanws ach Robert (c1747 – 1825)

Mae tystiolaeth ddogfennol bod Tŷ Mawr wedi ei rannu'n ddau, o leiaf o ddiwedd y ddeunawfed ganrif ymlaen i ganol y bedwaredd ganrif ar bymtheg. Mae'n debyg mai penty wedi ei adeiladu ar ochr talcen deheuol Tŷ Mawr oedd Tŷ Mawr Bach.

Yno, medd Elis o'r Nant, y ganwyd Nanws ach Robert. Dysgwyd hi i ddarllen y Beibl gan ei mam a oedd, fe honnir, wedi ei haddysgu gan y rhyfeddol Angharad James o Benamnen, Dolwyddelan. Roedd ei mam yn wraig grefyddol a symudodd i Drefriw fel y gallai Nanws fynychu ysgol yno cyn symud pan oedd Nanws tua wyth oed i ymuno â 'Theulu' Hywel Harris yn Nhrefeca. Cwta flwyddyn y bu yno gan i'w mam farw a chafodd Nanws ei magu wedyn gan ei thad a'i nain yng Nghae Du, Dolwyddelan.

Parhaodd ymlyniad Nanws i'r achos Methodistaidd yn gryf ac roedd ymysg y prif rai a oedd yn gyfrifol am adeiladu'r capel cyntaf yn Nolwyddelan, 'ar ynys yn Aberdeunant'. Dywedir iddi gario coed ar ei chefn a chyfrannu £9 tuag at y gost trwy gasglu a llosgi rhedyn a gwerthu'r llwch i fasnachwr yn Nhrefriw ar gyfer gwneud sebon.

Tan-y-clogwyn ac Elis o'r Nant (1841 – 1912)

Rhyw dri chan llath o Dŷ Mawr, dros y ffin ym mhlwyf Dolwyddelan, mae Tan-y-clogwyn, lle y ganwyd pedwar ar bymtheg o blant Thomas Pierce, pump gyda'i wraig gyntaf a'r gweddill gyda'i ail wraig, Elizabeth. Mab iddynt hwy, yr ieuengaf ond un o'r tylwyth, oedd Elis a aned yn 1841. Er i'r teulu orfod symud o Dan-y-clogwyn wedi marwolaeth y tad yn 1851, enw'r cwm lle'i ganwyd a arddelwyd yn ddiweddarach gan Elis o'r Nant.

Yn dair ar ddeg oed dioddefodd Elis o salwch difrifol, clefyd gwynegon mae'n debyg, a bu'n gaeth i'w wely am bum mlynedd. O ganlyniad, roedd gwaith corfforol yn ormod iddo a dioddefodd o gloffni weddill ei oes. Ond roedd wedi cael y cyfle i ddarllen yn awchus unrhyw beth oedd ar gael a bu'n ffodus i gael gwaith fel clerc pwyso yn chwarel Cwt y Bugail yng Nghwm Penmachno.

Cofnodir hanes ei fywyd lliwgar a helbulus yn llawn gan Vivian Parry Williams yn *Elis o'r Nant – Cynrychiolydd y Werin*. Am dros hanner canrif bu'n ohebydd i'r *Faner* a'i gyfraniadau'n ffynhonnell gwybodaeth gyfoethog i haneswyr lleol. Defnyddiodd y wasg yn ddi-flewyn-ar-dafod i ymosod ar dirfeddianwyr – yn arbennig Arglwydd Penrhyn – Torïaid ac Anglicanwyr, ymysg amryw eraill a fyddai wedi ei bechu. Treuliodd dair blynedd yn yr Unol Daleithiau, wedi gweithredu fel asiant ymfudo, gan annog ei gyd-wladwyr i ymsefydlu yno yn hytrach nac ym Mhatagonia.

Bu'n cadw siop, *Willoughby House* (Llys Elan heddiw), yn Nolwyddelan yn gwerthu llyfrau a llestri. Gwerthai lyfrau o amgylch chwareli'r cylch, gan eu cludo mewn bag lledr yn hongian ar bren dros ei ysgwydd. Anelai i gyrraedd ar ddiwrnod 'setlo', yn y gobaith y byddai gan y chwarelwyr ychydig yn fwy o arian nag arfer. Am flynyddoedd gosodai stondin cyn agosed ag y medrai i babell yr Eisteddfod Genedlaethol, gan weiddi'n groch ar y rhai a geisiai fynd heibio heb fynd i'w poced.

Tynnodd sawl nyth cacwn i'w ben, a wynebodd achos o enllib a gostiodd yn ddrud iddo. Dygwyd yr achos yn ei erbyn gan ŵr lleol o'r enw Oliver Parry a oedd yn honni bod ysgrifau dychanol gan Elis a ymddangosodd yn y *Faner* yn 1882 am gymeriad o'r enw Cadwaladr y Clogwyn yn cyfeirio ato ef. Dyfarnodd y llys £2 o iawndal i Oliver Parry ond gorfodwyd Elis i dalu costau cyfreithiol o tua £250 – swm aruthrol, wrth gwrs, bryd hynny. Yr hyn sy'n rhyfedd yw bod yr achos gwreiddiol wedi ei ddwyn yn erbyn y *Faner* a'r cyhoeddwr, Thomas Gee, ond mai ar Elis druan y disgynnodd y baich.

Tynghedodd felltith hyd dragwyddoldeb ar unrhyw un a feiddiai ddweud (fel y gwna pob arbenigwr erbyn hyn) mai Dôl (Sant) Gwyddelan, y 'Gwyddel bach' yw tarddiad yr enw Dolwyddelan. Dadleuai mai Dolyddelen oedd yn gywir, ar ôl Elen Luddiog, gan ddatgan 'y bydd unrhyw un a fydd yn ychwanegu'r 'w' at yr enw wedi'r esboniad hwn yn ddim gwell na phryf genwair disylw'r pridd'!

Bu Elis yn Gofiadur Arwest Glan Geirionydd ac roedd ymysg yr amlycaf o'r criw a gadwodd yr Arwest i fynd wedi marwolaeth Gwilym Cowlyd yn 1904. Cyhoeddodd amryw o 'ramantau hanesyddol' am gymeriadau megis Gruffydd ap Cynan, Dafydd ap Siencyn yr Herwr, Nanws ach Rhobert a Gwilym Morgan. Penodwyd ef yn glerc cyntaf Cyngor Plwyf Dolwyddelan a gwasanaethodd ei bentref ar Gyngor Geirionydd a sawl corff arall, gan ddadlau o blaid achosion fel addysg anenwadol, sefydlu llyfrgelloedd cyhoeddus, gwella cyflenwadau dŵr a charthffosiaeth.

Claddwyd ef ym mynwent gyhoeddus Bryn-y-bedd yn Nolwyddelan, mynwent y bu'n ymgyrchu i'w sefydlu, wedi gwneud yn siŵr mai dim ond y detholedig rai fyddai'n bresennol. Roedd wedi llunio rhestr o berthnasau a chyfeillion a oedd i gael dalu'r gymwynas olaf, gyda'r cyfarwyddyd i bob un, wrth droi o'r bedd, ddweud, 'Wel, dyna'r hen Elis wedi mynd'.

Dyn amryddawn a gyfrannodd yn ddi-flino mewn sawl cyfeiriad ond a gofid gan lawer, fel Bryfdir y bardd o Flaenau Ffestiniog, am reswm arall:

> Os gelyn adwaenai mewn dyn
>> ('doedd waeth pwy),
> Ni fynnai gymodi â hwnnw byth mwy;
> Rhoi lygad am lygad a dant am ddant, –
> Un felly yn hollol oedd Elis o'r Nant.

Tan-y-clogwyn, man geni Elis o'r Nant

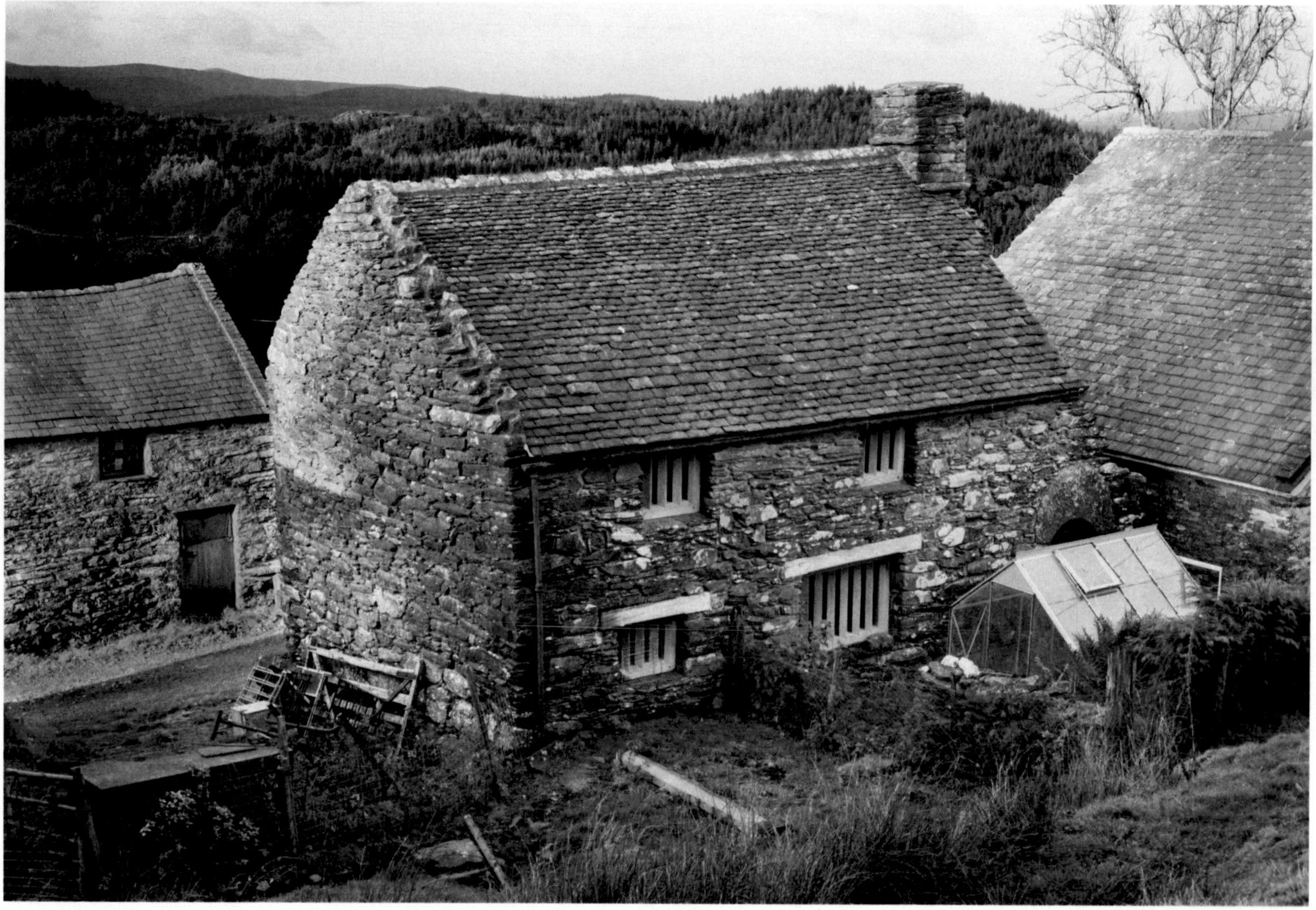

Fedw Deg

Fedw Deg

Gerllaw ffermdy presennol Fedw Deg, mae yno dŷ llawer hŷn yn dyddio o'r unfed ganrif ar bymtheg sydd fel petai wedi ei rwygo'n flêr yn ei hanner. Cafodd yr hanner dwyreiniol ei ddymchwel er mwyn adeiladu tŷ newydd tua dechrau'r ugeinfed ganrif.

Daeth Fedw Deg yn eiddo i'r Comisiwn Coedwigaeth yn 1934, yn ffarm o 228 erw, ond ymhen pedair blynedd roedd y cyfan heblaw am 32 erw dan goed. Ceisiodd y Comisiwn fynd gam ymhellach yn 1947 trwy benderfynu dymchwel gweddill yr hen dŷ a oedd, mae'n debyg, yn cael ei ddefnyddio fel cwt ieir. Ond cododd y tenant, William Lewis, o Lansannan yn wreiddiol, yn erbyn y bwriad.

Cafodd gefnogaeth Dr Kate Roberts a'r *Faner*, a oedd yn rhoi'r bai ar swyddogion y Comisiwn, 'Saeson ieuanc nad oes ganddynt barch i bethau o'r fath ac yn sicr ni ellir disgwyl bod ganddynt unrhyw barch i ddim yng Nghymru' ond yn nodi'n ddiolchgar bod yno 'Gymry da yn byw ar y ffarm ers 1938 ac maent yn gweld perygl fel Cymry'. Llwyddodd ymgyrch genedlaethol i orfodi newid meddwl. Mewn llai na mis gellid cyhoeddi 'fod y bygythiad i hen dŷ Y Fedw Deg y bu gan *Y Faner* ran amlwg yn ei arbed rhag dinistr drosodd ac y cedwir ef fel adeilad hanesyddol'. Fe'i trosglwyddwyd i ofal y Weinyddiaeth Gweithfeydd.

A diolch byth am hynny oherwydd mae i Fedw Deg hanes hir a chyfoethog. Gwnaed arolwg dendrocronoleg o'r trawstiau ac mae dadansoddiad o batrwm y blwyddgylchau yn dangos fod y coed a ddefnyddiwyd wedi eu torri yn ystod gaeaf 1587-88. Nid oedd yn arferiad bryd hynny i adael i goed sychu, felly mae'n bur debyg i hen dŷ Fedw Deg gael ei adeiladu yr un flwyddyn ag yr argraffwyd y Beibl Cymraeg cyntaf. Roedd yn dŷ carreg cadarn deulawr gyda grisiau mewnol a simnai yn un pen.

Ond adeiladwyd y tŷ ar safle un llawer hŷn, y mae ychydig o olion ei sylfeini i'w gweld o hyd. Neuadd-dy canoloesol unllawr fyddai hwnnw, gyda'r brif ystafell yn agored i'r to, mynedfa mewn un pen a thân agored heb simnai. Roedd yn gartref i deulu amlwg iawn yn eu cyfnod.

Yn hen eglwys Mihangel Sant ym Metws-y-coed, mae cerfddelw o Gruffydd ap Dafydd Goch o Fedw Deg, a fu farw tua 1380. Roedd Dafydd Goch yn fab anghyfreithlon, ond cydnabyddedig, i Ddafydd, brawd Llywelyn y Llyw Olaf felly roedd gwaed brenhinol Cymreig yng ngwythiennau teulu Fedw Deg, a Llywelyn Fawr yn hen hen daid i Ruffydd. Roedd yn berchen tiroedd eang yng nghyffiniau Penmachno a'r ucheldir rhwng Betws-y-coed a Llanrhychwyn.

Wyrion iddo, meibion Gruffydd Fychan, oedd Hywel Coetmor a Rhys Gethin, y ddau'n ymladdwyr dros Owain Glyndŵr. Canwyd cywyddau iddynt (nid gan Iolo Goch, fel y tybiwyd ar un adeg) yn canmol eu dewrder di-ildio.

Llew hy yn dryllio heol
Llanrwst yn llawn ar ei ôl
Ni all hyd fedd er llid fo
Gwŷr oriog Lloegr ei wyro

meddid am Hywel, tra mae'r cywydd i Rys yn cynnwys y llinellau adnabyddus,

Byd caeth ar waedoliaeth da
A droes, aml oedd drais yma;
Lle bu'r Brython, Saeson sydd,
A'r boen ar Gymry beunydd.

Cawn ddarlun gwahanol gan Elis o'r Nant, yn seiliedig ar atgofion Ioan Glan Lledr, a fu farw yn 1897, ac a honai ei fod yn ddisgynnydd o deulu Fedw Deg.

'Meddai y teulu hanesion ... wedi disgyn i lawr yn gadwen ddi-fwlch o'r gorffennol pell. Gadawodd (Gruffydd Fychan) ddau fab cawraidd ar ei ôl, y ddau yn enwog yn eu dydd, sef Hywel Coetmor a Rhys Gethin. Yr oedd Rhys yn bur gaeth i swynion y rhyw deg pan yn ieuanc; yn y pymtheg mlynedd olaf o'i oes yr oedd wedi ymbesgi ac ymfrashau fel yr ymddangosai fel bryn yn ymsymud.'

Bu farw'r olaf o'r llinach, Ffowc Gethin, yn yr 1580au a hynny'n ddi-etifedd wedi i ddau o'i feibion gael eu lladd yn rhyfela yn erbyn Sbaen.

Perchennog nesaf stad Fedw Deg oedd Dafydd Prys, Pennant, Ysbyty Ifan, un o deulu Plas Iolyn, a brawd i Elis Prys, y Doctor Coch. Ef oedd mab hynaf Robert ap Rhys a'i etifedd ond mae'n ymddangos iddo gweryla â'i dad. Efallai mai dyna pam y collodd ei afael ar Blas Iolyn a symud i Fedw Deg. Nid oes sicrwydd pa bryd yn union y bu hynny, ond byddai'n gwneud synnwyr mai ef, fel perchennog newydd, a adeiladodd dŷ newydd yn 1588.

Parhaodd Fedw Deg ym meddiant disgynyddion Dafydd Prys tan ganol y bedwaredd ganrif ar bymtheg. Etifeddwyd y stad o rhyw ddwsin o ffermydd yn 1821 gan yr olaf o'r llinach, David Price-Downes, wedi marwolaeth ei ewythr di-blant, a symudodd i fyw i Hendre Rhys Gethin ym Metws-y-coed.

Roedd yn ddyn o gryn statws yn yr ardal, yn Ynad Heddwch yn Sir Ddinbych ac yn Uchel Siryf Sir Gaernarfon. Ond roedd hefyd yn ddyn balch a thrahaus a'i blant – yn ôl Elis o'r Nant – o'r un anian, yn marchogaeth o amgylch y stad mewn dillad crand gan alw ar y tenantiaid i 'agor y giât i blant yr Uchel Siryf'. Roedd yn byw uwchben ei fodd, a bu'n rhaid iddo ail-

forgeisio ei ffermydd a throi tenantiaid o'u cartrefi er mwyn ceisio talu ei ddyledion.

Gorfodwyd ef i werthu'r naill ffarm ar ôl y llall, gan gynnwys Hendre Rhys Gethin. Erbyn 1851 roedd wedi symud i Ysgwifrith, ffarm fach ar gyrion Penmachno, un o'r unig ddwy ffarm a oedd ar ôl ganddo. Gwerthwyd y llall, Tyddyn Gethin, y drws nesaf i Ysgwifrith, i Gethin Jones yn 1852 ac erbyn hynny roedd David Price-Downes a'i deulu wedi colli'r cyfan.

Dywed Elis o'r Nant iddo drefnu cinio yng ngwesty'r King's Head yn Llanrwst a gwahodd ei gredydwyr yno ond dihangodd drwy ffenest gefn a'i heglu hi am Gonwy ac yna ymlaen i Lundain – heb dalu am y bwyd, wrth gwrs! Ymhen amser, clywyd ei fod wedi ymfudo i Awstralia ac iddo gael ei gladdu yno mewn bedd tlotyn.

Baner ac Amserau Cymru,
Hydref 22, 1947

William Lewis, a arbedodd yr hen dŷ, a'i wraig

Mynedfa fwaog drawiadol Fedw Deg

Barbara Ffowc Gethin, Fedw Deg

Fel colomen wen ehedog
Mae'm dychymyg tua'r adeg
Pan flodeuai Barbra Gethin
Fel y berth ym mis Mehefin.

Gwelid darlun yn ei llygaid
O ddisgleirdeb gemau canaid
A llun calon llawn anwyldeb
A ganfyddid ar ei gwyneb.

Megys ewig, hoenus fyddai,
Perlau drud a'i hamgylchynai
Merch y Fedw Deg oedd aeres
Ymdebygai i angyles.

Llawer llencyn balch a thrylon
Feddwodd ar dylysni'r feinwen
Ond i gefnfor cariad melus
Dygwyd hi gan Dafydd Morus.

Ni choronwyd un etifedd
Gan law dyner ei hedmygedd;
Ac er cwrdd storm gwg rhai garai
Y telynor fyth goronai.

Un o'r dwsin plant diguro
Fagwyd ym Mlaen Cwm, Penmachno
Ydoedd y telynor hwnw
Garai galon merch y Fedw.

Yn y Glynn, rhyw dro, tra Dafydd
A chwareuai delyn newydd,
Yn y Fedw chwifid napcyn
Fel arwyddlun cariad dillyn.

Anfarwoldeb wisga hanes
Merch y Fedw fel barddones,
Ac o'i mhwnglawdd carwriaethol
Dyma rai o'i gemau barddol.

Telyn wen yn llawn o dannau
Wnaed yng nghoed y Glyn yn rhywle,
Ac mae'n siŵr fod honno'n hwylus
O waith dwylo Dafydd Morris.

Ei pheroriaeth sydd mor hudol
Nes dystewi'r adar swynol,
Ac mae sŵn ei thannau mwynion
Yn ymglymu am fy nghalon.

Dafydd Morus a'i fwyn delyn
Gwyn fy myd pe cawn dy ganlyn,
Ond ar lwybr ei ddymuniad
Taflodd balchder wrthwynebiad.

Rhag parhau i garu hwnnw
Gyrrwyd hi ymhell o'r Fedw;
Ond fel dysga Ysprydoliaeth
Cryf yw cariad fel marwolaeth.

Os alltudiwyd Barbra Gethin
I ororau Llangelynion,
O dan awel hiraeth gwywodd,
Ac i blith y meirwon cwympodd.

Awen heddyw fyn ddymuno
Am i engyl nef ei gwylio
Hyd y boreu gogoneddus
Pan gaiff gwrddyd Dafydd Morus.

Glan Machno, Y Gwyliedydd, *2 Ebrill 1890*

Barbara Ffowc

Yn ôl traddodiad, roedd Barbara'n barddoni ac yn ferch i Ffowc Gethin, yr olaf o Gethiniaid Fedw Deg. Edrydd y penillion fel y bu iddi syrthio mewn cariad â Dafydd Morus, telynor o Flaen-y-cwm, Cwm Penmachno ond – yr hen, hen stori – doedd o ddim digon da yn nhyb ei theulu a gwaharddwyd hi rhag ei weld. Byddai Barbara'n chwifio cadach gwyn o ffenest ei llofft wedi i bawb fynd i'w gwelyau a byddai Dafydd yn dod i gwr y goedwig i ganu'r delyn iddi. Y diwedd fu iddi gael ei danfon at deulu yn Llangelynnin, ger Conwy, ac yno y bu farw o dor-calon.

Gan Gethin Jones, yn *Gweithiau Gethin* (1884), y ceir y cofnod ysgrifenedig cyntaf o'r hanes. Mae'n cydnabod ei fod yn dibynnu ar ei gof a'r tri phennill mewn italig yn unig a ddyfynnir ganddo ef. Dywed mai Barbara a'u lluniodd, gyda'r trydydd o'r penillion hynny, yn ôl fersiwn Gethin, yn diweddu'n wahanol,

Dafydd Morus a'i fwyn delyn
Gwyn fy myd pe cawn dy ganlyn,
Ac yn y nos bod yn dy freichiau
A dawnsio'r dydd lle cenit dithau

Nid oes sôn am Barbara yn y gyfrol awdurdodol, *Beirdd Ceridwen; Blodeugerdd Barddas o Ganu Menywod hyd at 1800*, a gyhoeddwyd yn 2005 a does dim tystiolaeth ddogfennol i gadarnhau hanes Barbara Ffowc Gethin. Ond, mae'n stori dda ac yn chwedl sy'n werth ei chofio a'i hadrodd. Ac os nad yw'n wir, mae ei pharhad yn dystiolaeth o gryfder traddodiad llafar; tua 1980 recordiwyd cymeriad lleol, Caradog Hughes, yn canu'r penillion wedi iddo eu dysgu gan ei dad, Ellis Ty'n-y-berth. Ac, fel mae'n digwydd, hen enw ar Dy'n-y-berth oedd Dôl Fedw Deg!

Cwm y coed

Pan oedd arad' yn troi'r tyweirch
A hadau yn y rhych,
Pan oedd cribin i'r cynhaeaf
A'r fron dan gnydau gwych,
Roedd yn y fro deuluoedd
Er c'leted oedd y gwaith,
Roedd pedwar mur a llechi
Yn lloches i'r hen iaith.

Efallai eich bod yn clywed llais Linda Griffiths a sain y grŵp *Plethyn* wrth ddarllen y geiriau hyn. Myrddin ap Dafydd biau geiriau'r gân a luniwyd ganddo yn 1989 yn sgîl bwriad y Comisiwn Coedwigaeth i werthu saith o dai yn Nant Conwy ar y farchnad agored. Cyflwynwyd rhybudd i deulu Fedw Deg, tenantiaid ers dechrau'r 1950au, i adael y ffarm ond cododd ton o brotest a orfododd i'r Comisiwn newid meddwl. A braf yw dweud mai ŵyr i'r tenant gwreiddiol sy'n byw o hyd (yn 2022) yn Fedw Deg – a diwedda'r gân ar nodyn hyderus,

Ond Mai ddaeth i Nant Conwy
I lasu'r cyll a'r ynn;
Cynefin y coed caled
Fydd byw er gwaethaf hyn;
Daeth eto liwiau'r gwanwyn
Lle bu y gaeaf hir,
Bydd gwlad yn drech nac arglwydd
Tra derwen yn ein tir.

Bwlch-y-maen

Mae hen ffermdy sylweddol ei faint Bwlch-y-maen yn wag ers rhai blynyddoedd. Saif ar lechwedd serth iawn ac, fel Fedw Deg, mae'r prif ddrws ar yr ochr ddwyreiniol, y tu cefn i'r tŷ, yn wynebu'r llechwedd. Er colli'r olygfa o ddyffryn Lledr, mae'n cael ei warchod rhag gwynt a glaw stormydd y gaeaf.

Cofnoda Gethin Jones y traddodiad lleol bod mynachlog neu eglwys wedi ei lleoli ar ddôl Bwlch-y-maen ar lan afon Lledr. Cyfeirir ati o bryd i'w gilydd fel Llanticlydwyn neu Lantyddud tra defnyddiodd Elis o'r Nant yr enw Llandechryd, gan ychwanegu y byddai mynach o'r enw Cadwgan yn cyflwyno addysg i'r trigolion cyfagos. Diddymwyd y fynachlog honedig gan Harri VIII a defnyddiwyd y cerrig i adeiladu Bwlch-y-maen, gyda'r enw Rhiw yr Ychain, a welir ar fapiau heddiw, yn esbonio sut y cludwyd y meini yno!

Bwlch-y-maen

Hafod-y-chwaen

Yn ôl Gethin Jones, tua canol y ddeunawfed ganrif, 'yr oedd Rhys ap Rhisiart yn byw yno – ef oedd prif Glocsiwr y wlad; a byddai yn arfer dod â baich o glocs i'r Llan bob Sul, a byddai trigolion yr ardal yn dyfod a hen esgidiau yn gefnau iddo yntau yn Sabbothol, gan roi mesur eu traed fel ag i gael clocsiau y Sul canlynol'. Does fawr o olion murddun Hafod-y-chwaen i'w gweld erbyn hyn yng nghanol coed pinwydd a chan ei fod mewn lle mor anhygyrch, mynd â'r clocsiau at y bobl oedd y drefn yn hytrach na disgwyl i'r bobl ddod at y clocsiau!

Capel Cyfyng

Yn rhan isaf y cwm, ac felly ym mhlwyf Dolwyddelan, saif adeilad a fu'n ganolbwynt bywyd cymdeithasol Wybrnant a'r cyffiniau. Fel addoldy i'r Methodistiaid Calfinaidd yr adeiladwyd Capel Cyfyng yn 1832 ond bu hefyd am bron drigain mlynedd yn ysgol i blant y fro.

Capel syml a di-addurn oedd yr un gwreiddiol, wedi ei godi cyn rhated â phosib. Cafwyd y tir, a'r coed mae'n debyg, yn ddi-dâl gan Thomas Pierce, Tan-y-clogwyn (tad Elis o'r Nant), codwyd graean o afon Lledr a chludwyd y defnyddiau'n wirfoddol ar droliau a chertydd y ffermydd. Nid oedd nenfwd mewnol, ac nid oedd ond tuag ugain o seti a thair mainc ddi-gefn a phedair cannwyll i oleuo'r lle.

Mae'n siŵr mai naws syml a gwerinol oedd i'r oedfaon hefyd. Er ei fod yn gapel bach ei faint, oherwydd eu bod yn drwm eu clyw, byddai William Jones, Tŷ Coch, un o'r hen ffyddloniaid, yn eistedd ar risiau'r pulpud er mwyn clywed y bregeth ac roedd Elizabeth Roberts (a fyddai'n byw i fod dros ei chant) yn cael eistedd gyda'r blaenoriaid. Mewn llyfr cofnodion manwl a gadwyd ganddo, dywed David Roberts, Bwlch-y-maen, a fu'n flaenor yno hyd at ei farwolaeth yn 1931, ei bod yn dipyn o ryfeddod yn y bedwaredd ganrif ar bymtheg i weld gwraig yn y Sêt Fawr. Er mae'n siŵr eu bod yn cael mynd yno i lanhau!

Ail-adeiladwyd y capel yn 1890, gan godi'r waliau a chael to, nenfwd, drysau a ffenestri newydd a gosod pedair lamp ar bolion yn lle'r canhwyllau a gwnaed y cyfan am £86. Yn 1914 gofynnwyd i'r Cyfarfod Misol am gapel newydd, gan ddefnyddio'r cysylltiad â William Morgan i hyrwyddo'r cais, ond eu siomi gafodd yr aelodau. Awgrymir gan David Roberts mai culni enwadol oedd y rheswm dros wrthod gan nad 'oeddynt yn meddwl fod y ffaith i gyfieithydd y Beibl i'r Gymraeg gael ei eni yn ardal yn help i gael capel newydd am y rheswm mai Esgob oedd Dr Morgan'.

Nodir ganddo nad oes 'dim yn yr ardal hon ond carreg troedfedd sgwâr ym mur yr hen Dŷ Mawr' i gofio am William Morgan, er bod Pwyllgor Addysg Sir Gaernarfon wedi cyflwyno llun ohono i'r ysgol a oedd yn cael ei chynnal yn y capel. Ychwanega'n goeglyd, 'a digon rhyfedd na fuasai ryw frawd wedi grwgnach yn erbyn i ddarlun o Esgob gael ei osod ar fur Capel Methodistaidd'!

Ym Mawrth 1921, prynwyd y tŷ sydd ynghlwm wrth y capel, a oedd yn wag ac mewn cyflwr gwael, am £35, swm uwch nac y gobeithid oherwydd 'yr oedd Saeson yn yr haf wedi cymryd sylw ohono a dangos awydd i'w brynu gan led addo £50 amdano. Buasem wedi ei gael am £10 yn llai oni bai am y ffaith uchod'. Dyma enghraifft gynnar o effaith prynwyr estron ar brisiau tai. Gwerthwyd y capel a'r tŷ yn haf 2020 am dros £300,000!

Bu di-boblogi, yn arbennig o'r 1930au ymlaen, yn rhannol o ganlyniad i blannu coed gan y Comisiwn Coedwigaeth. Ond llwyddodd ychydig ffyddloniaid i gadw'r achos ar fynd er gwaethaf hynny tan gau'r drysau'n derfynol yn 1974 gyda nifer yr aelodau wedi gostwng i chwech.

Un a oedd a'i wreiddiau'n ddwfn yn y fro oedd Ellis Evans, wedi ei eni yng Nglyn Lledr cyn symud i Dan-y-castell, Dolwyddelan. Bydd llawer yn lleol yn cofio am y penillion tynnu coes crafog iawn o'i waith a fyddai'n ymddangos yn rhifynnau cynnar *Yr Odyn*. Ond yma, yn rhifyn Rhagfyr 1976, mae'n mynegi ei dristwch fod hen gapel bach ei blentyndod wedi cau:

Llun tudalen 82 Hen gapel ac ysgol Cyfyng

Cau Capel Cyfyng

Hen gapel bach y Cyfyng
* Ei yrfa ddaeth i ben,*
Lle clywyd llawer emyn
* A llawer i Amen.*
Drws nesaf iddo'n byw yn fain
Ar ddiwedd oes bu taid a nain.

O bob cyfeiriad gwelwyd
* Rhai'n cyrchu ato ef,*
Yng ngolau'r lantar gannwyll
* Yn dod yn fintai gref.*
Yn ffyddlon ddaethant hyd eu hoes
At olau mwy, sef golau'r groes.

Yn ystod treiglad amser
* I'r cwm, daeth newid mawr;*
Iaith Beibl William Morgan
* Sydd ddiarth yno'n awr.*
A'r capel bach a fu mewn bri
Ei dyrfa aeth i ddau neu dri.

Yn sgîl llifeiriant estron
* Y capel aeth yn llwm,*
Yn dawel fe dderbyniodd
* Y newid ddaeth i'r cwm.*
Ffyddloniaid welodd newid gwedd,
Maent hwythau'n dawel yn y bedd.

Os ewch i'r Cyfyng heddiw
* Cewch glywed sŵn y gwynt,*
A natur yn ei anterth
* Fel yn y dyddiau gynt.*
Nid oes un Sais a'i gyfrwys druth
All wthio Duw o'r Cyfyng byth.

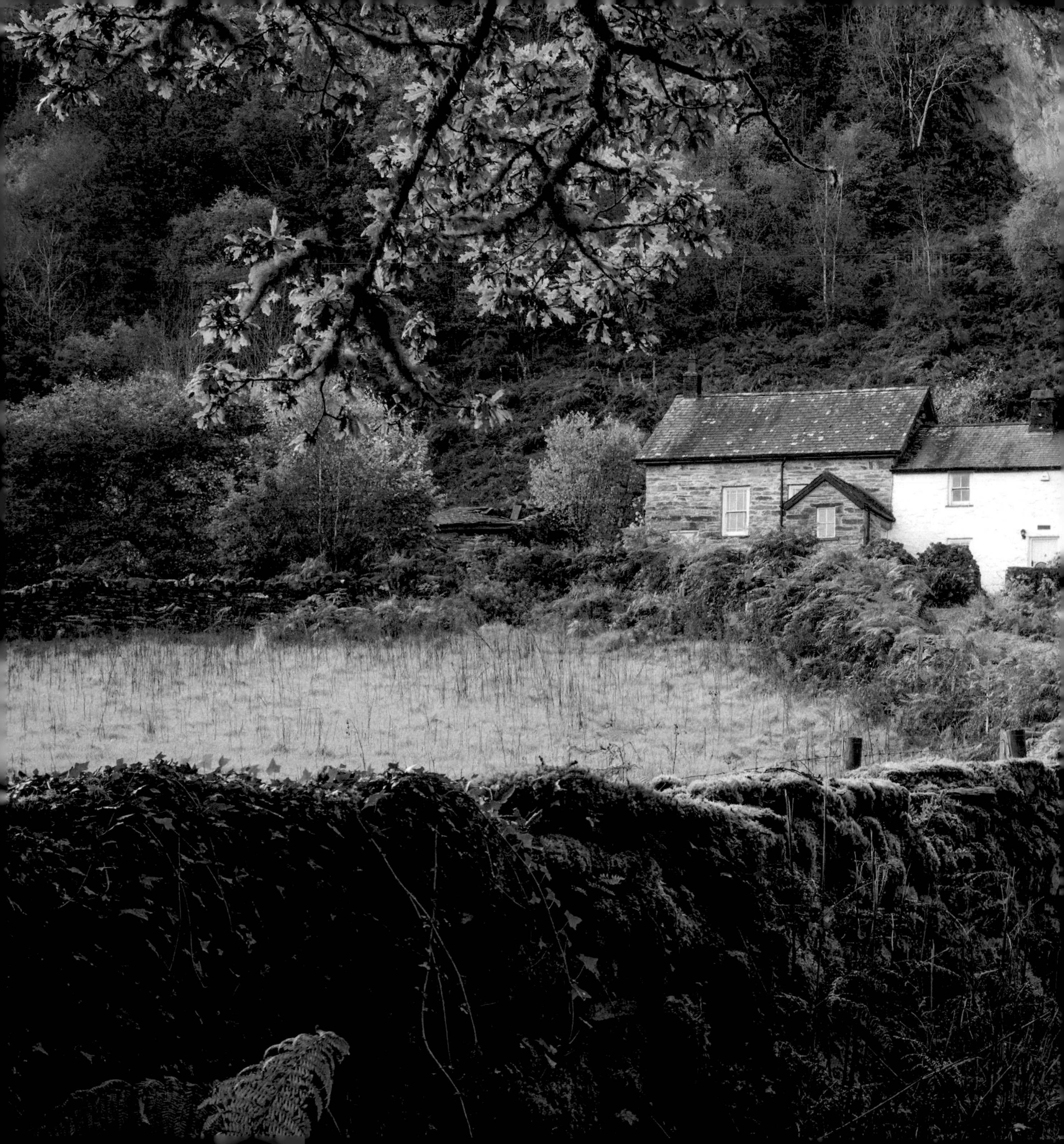

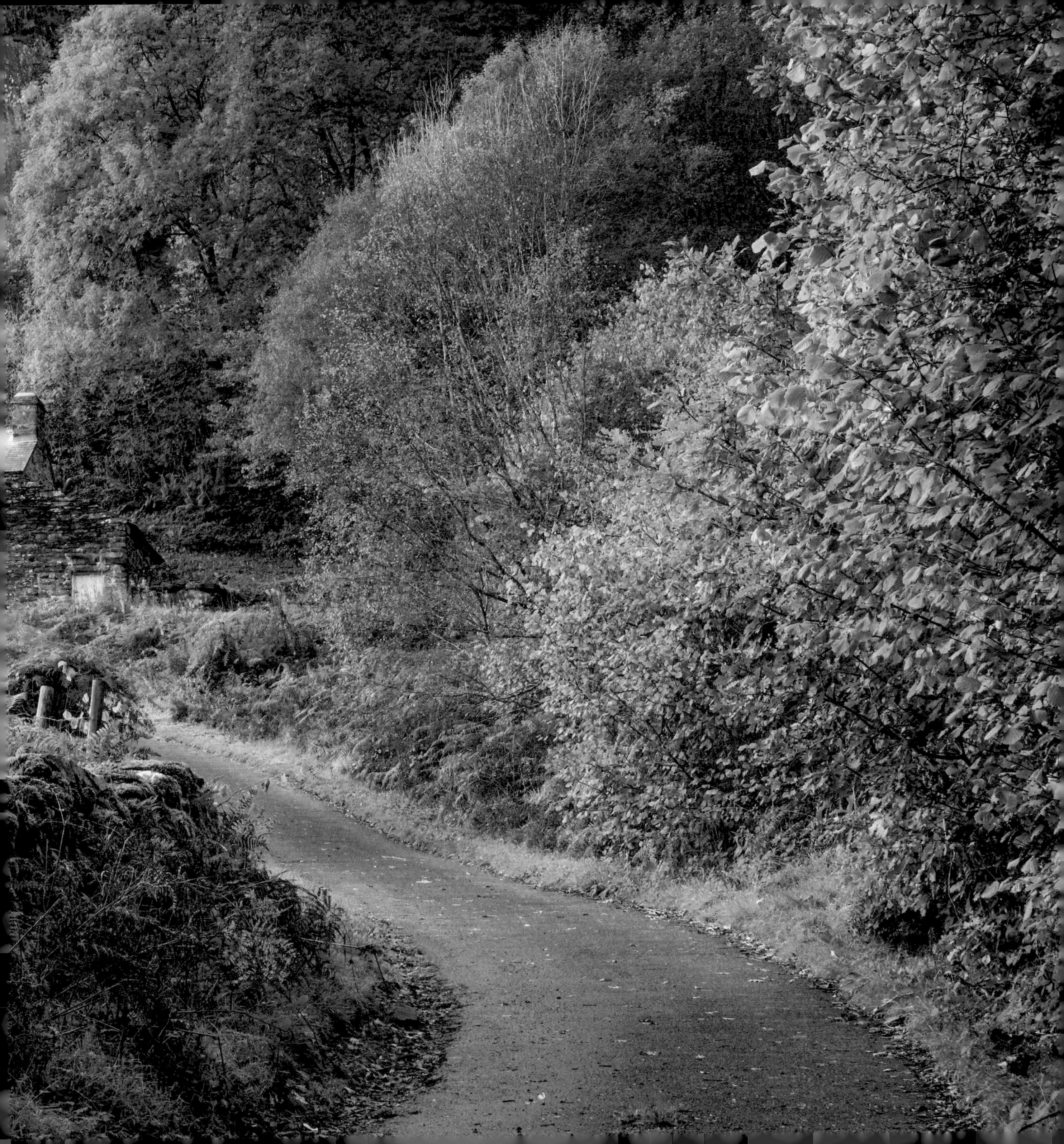

YSGOL CYFYNG

AGOR YSGOL Y CYFYNG

Hyd yn ddiweddar, nid ellid cael un math o addysg i blant Ewybrnant ond Ysgol Sul y Cyfyng. Yr oedd ysgol Penmachno oddeutu dwy filldir a haner, ac un Dolyddelen oddeutu yr un pellder. Adeiladwyd capel ac ystabl, bid siŵr, yn y Cyfyng gan y Methodistiaid ddeng mlynedd a thri-ugain yn ôl. Yn ddiweddar, penderfynwyd troi y capel yn ysgoldy, ond y mae yr ystabl yn aros. Dydd Gwener, daeth y Parch T Gwynedd Roberts, Mri W J Williams, Owen Roberts, ysgolfeistr o Birkenhead, ac Elis o'r Nant i agor yr ysgol. Mae boneddiges o'r enw Miss Williams, o Dalsarn, Llanllyfni yno yn ysgolfeistres, ac fe ddaeth plant y Nant yno ddydd Llun yn lluoedd, a deallaf y bu yno hwyl neillduol. Nis gwn pa beth a fyddyliasai Wil Morgan o beth fel hyn – dallu y werin a'r miloedd a fu arfer yr eglwys yn ei ddyddiau ef ac ar ôl hynny.

Elis o'r Nant, Y Cymro, 23 Awst 1900

Er mai mewn capel Methodistaidd y cynhaliwyd Ysgol Cyfyng, ymweliad â'r Wybrnant gan y Parch. Morris Roberts, Rheithor Penmachno, yn haf 1899 a arweiniodd at ei sefydlu. Ysgol Eglwys, dan nawdd y Gymdeithas Genedlaethol, a oedd ganddo ef mewn golwg – pe byddai'r Methodistiaid yn fodlon rhentu'r capel.

Roedd rhieni'r Wybrnant yn frwd o blaid ac ymhen dim casglwyd enwau 23 o blant ond, nid yn annisgwyl, nid oedd Henaduriaeth Dyffryn Conwy am weld cynnal ysgol Eglwysig mewn capel Methodistaidd! Wedi'r cyfan, roedd yn gyfnod o ddadlau chwyrn rhwng eglwyswyr a chapelwyr ynglŷn â rheolaeth dros addysg. Ymhen ychydig flynyddoedd, er enghraifft, byddai'r Parch Ben Jones, olynydd Morris Roberts, yn arwain ymgyrch chwerw ond aflwyddiannus yn erbyn sefydlu Ysgol Fwrdd ym Mhenmachno, gan wybod y byddai honno'n disodli Ysgol Eglwys y pentref.

Ond roedd ateb amlwg i broblem y Cyfyng. Penderfynwyd sefydlu ysgol dan adain y Gymdeithas Brydeinig, a oedd yn hyrwyddo ysgolion anenwadol. Aed ymlaen â'r trefniadau heb oedi dim. Gan fod y plant yn dod o saith o wahanol aelwydydd, penodwyd y saith pen-teulu (y tad wrth gwrs!) i fod ar Bwyllgor Rheoli'r Ysgol, gyda David Roberts, Bwlch-y-maen yn gadeirydd.

Cyfarfu'r cynrychiolwyr lleol efo Prif Arolygydd Ysgolion Gogledd Cymru ym Mai 1900 i drafod pa addasiadau i'r capel fyddai eu hangen a bu cryn ymdrech yn lleol i godi arian. Er bod y llywodraeth yn talu cyflog yr athrawes, roedd angen £50 i addasu'r adeilad a £30 arall am offer a defnyddiau. Yn rhyfeddol ddigon llwyddwyd i agor Ysgol Cyfyng yn Awst 1900.

Penodwyd Miss M.M. Williams o Dal-y-sarn yn Nyffryn Nantlle yn athrawes ar gyflog o £15 y chwarter; bu hi yno tan Ebrill 1906 pan adawodd i gymryd gofal o ysgol yn ei phentref genedigol. Erbyn hynny, roedd nifer y disgyblion wedi codi o'r 23 gwreiddiol i dros 30.

Ond bu tro ar fyd a gwelwn nad peth newydd yw ceisio cau ysgolion gwledig. Yn 1922 cyhoeddodd Pwyllgor Addysg Sir Gaernarfon fwriad i gau'r ysgol (y Cynghorau Sir oedd yn gyfrifol am ysgolion ers Deddf

Addysg 1906) gan mai dim ond naw o blant oedd yno erbyn hynny. Yr un pryd, penderfynwyd terfynu cyflogaeth yr athrawes, Mrs Davies, wedi naw mlynedd o wasanaeth, a hynny ar sail y ffaith ei bod wedi priodi. Oedd, roedd y gyfraith yn caniatáu i Awdurdodau Lleol ddiswyddo athrawesau priod bryd hynny!

Cafwyd ymgyrch lwyddiannus i achub yr ysgol ac erbyn y Pasg 1923 roedd nifer y disgyblion wedi dyblu i ddeunaw ac, yn goron ar y cyfan, roedd Mrs Davies wedi ei hail-benodi gan nad oedd neb arall cymwys wedi gwneud cais am y swydd.

Byddai'n rhaid i'r athrawon gerdded rhyw dri chwarter milltir ar hyd llwybr i fyny o'r ffordd fawr i gyrraedd yr ysgol bob bore. Ar ddechrau'r 1940au, gostyngodd nifer y plant i ddim ond chwech ond cafwyd adfywiad am gyfnod wedi'r Rhyfel, gyda phlant o ddyffryn Lledr, o Dŷ'n-y-berth, Tanaeldroch a Glyn Lledr, ac o'r ochr bellaf i'r A470, o Gwm Celyn a Chwm Dreiniog, yn mynychu'r ysgol yn ogystal â phlant y Wybrnant ei hun.

Ond digwyddodd yr anorfod a chaewyd yr ysgol yn 1958 gyda dim ond saith o ddisgyblion yn weddill. Mae gan rai o'r disgyblion olaf atgofion clir o'r hen ysgol. Gan fod yr adeilad yn gapel ac yn ysgol roedd colfachau ar gefnau'r seti fel y gellid eu troi'n ddesgiau, defnyddiwyd slaets i ysgrifennu arnynt a chynheswyd yr adeilad gan dân agored. Er mor serth yw ffyrdd Wybrnant, ni allant gofio i'r ysgol gau o gwbl oherwydd y tywydd; doedd eira a rhew ddim yn rhwystr pan oedd pawb yn cerdded i'r ysgol.

Digon sylfaenol oedd sawl peth arall hefyd; roedd rhaid i'r plant fynd allan ym mhob tywydd cyn cinio i olchi eu dwylo mewn pistyll gerllaw. Byddai'r cinio'n cael ei baratoi gan wraig y tŷ capel yn ei chartref drws nesaf, ac roedd cyfle i ennill ambell i geiniog trwy bwmpio dŵr i'w thŷ o ffynnon y tu isa' i'r ysgol.

Symudodd y rhan fwyaf o'r disgyblion yn 1958 i Ysgol Penmachno ac er mai ysgol cefn gwlad oedd honno hefyd, roedd cael eu haddysgu mewn adeilad pwrpasol ymysg dwsinau lawer o blant yn brofiad pur wahanol i griw bach y Cyfyng!

Rhai o ddisgyblion olaf Ysgol Cyfyng

DYDDIADAU PWYSIG

1517	*protest Martin Luther yn yr Almaen yn pwysleisio awdurdod y Beibl a'r angen i bawb fedru ei ddarllen trostynt eu hunain*
1534	*argraffu Beibl Almaeneg Luther*
1535	*Beibl Miles Coverdale ar gael yn Saesneg*
1538	*Harri VIII yn gorchymyn defnyddio'r Beibl Saesneg ym mhob eglwys drwy'i deyrnas*
1546	*cyhoeddi* Yn y lhyvyr hwnn *gan Syr Siôn Prys – y llyfr cyntaf i'w argraffu yn Gymraeg*
1549	*Edward VI yn gorchymyn y dylid defnyddio'r Llyfr Gweddi Cyffredin Saesneg yn yr un modd*
1551	*cyhoeddi* Kynnifer llith a ban, *cyfieithiadau William Salesbury o rannau o'r Efengylau a'r Epistolau*
1553 – 1558	*dychwelyd i'r hen drefn Babyddol – a gwasanaethau Lladin – yn ystod teyrnasiad Mari I*
1558	*adfer y drefn Brotestannaidd tan Elisbaeth I*
1563	*deddf seneddol yn gorchymyn bod y Beibl a'r Llyfr Gweddi i'w trosi i'r Gymraeg erbyn Dydd Gŵyl Ddewi, 1567*
1567	*Llyfr Gweddi a Thestament Newydd Salesbury – gyda chymorth Richard Davies, Esgob Tyddewi a Thomas Huet, Pencantor Eglwys Gadeiriol Tyddewi*
1588	*Beibl William Morgan – argraffwyd yn Llundain gan ddirprwyon Christopher Barker, Argraffydd y Frenhines*
1599	*cyhoeddi fersiwn ddiwygiedig William Morgan o'r Llyfr Gweddi Cyffredin*
1611	*y Fersiwn Awdurdodedig Saesneg – y* King James Bible
1620	*fersiwn ddiwygiedig o Feibl 1588 gan Dr. John Davies o Fallwyd a Dr. Richard Parry, olynydd William Morgan fel Esgob Llanelwy*

BYWYD WILLIAM MORGAN

1545	*geni William Morgan, yn ail fab i Lowri a John ap Morgan*
1565	*cofrestru fel myfyriwr yng Ngholeg Sant Ioan, Caergrawnt*
1568	*graddio yn B.A. a'i ordeinio'n offeiriad yn Esgobaeth Ely*
1571	*graddio yn M.A.*
1572	*derbyn bywoliaeth Llanbadarn Fawr*
1575	*derbyn bywoliaeth y Trallwm (tan 1578) a segurswydd Dinbych (tan 1596)*
1578	*graddio yn B.D. a'i benodi'n Ficer Llanrhaeadr-ym-Mochnant a Llanarmon Mynydd Mawr*
?	*priodi Catherine George, gweddw perthynas i Ifan Maredudd o'r Lloran Uchaf*
1579	*ei benodi i segurswydd bywoliaeth Llanfyllin (tan 1601)*
1583	*graddio yn D.D.*
1587	*cwblhau ei gyfieithiad o'r Beibl*
1587 – 1588	*treulio blwyddyn yn Llundain yn arolygu argraffu'r Beibl*
1588	*derbyn bywoliaeth Pennant Melangell (tan 1595)*
1595	*ei benodi'n Esgob Llandaf, gan fyw yn Mhalas yr Esgob yn Mathern ger Casgwent*
1599	*cyhoeddi Llyfr Gweddi Cyffredin diwygiedig*
1601	*ei benodi'n Esgob Llanelwy, gan fyw yn nhŷ'r Archddeacon, Plas Gwyn yn Niserth*
1604	*bu farw ar y 10fed o Fedi a'i gladdu drannoeth*

LLYFRYDDIAETH

Charles Ashton, *Bywyd ac Amserau yr Esgob William Morgan*, Treherbert, 1891

Geraint Bowen (golygydd), *Y Traddodiad Rhyddiaith*, Gwasg Gee, 1970

Ceri Davies, *Rhagymadroddion a Chyflwyniadau Lladin*, 1551-1632, Gwasg Prifysgol Cymru, 1980

Ifan ab Owen Edwards, *William Morgan's quarrel with his parishioners*, Bulletin Board of Celtic Studies, 1926-27

Cledwyn Fychan, *Pwy oedd Rhys Gethin?*, Cymdeithas Lyfrau Ceredigion, 2007

Cledwyn Fychan, *Y Beibl Cymraeg*, Cymdeithas Celfyddydau Gogledd Cymru (Cyfres Teithiau Llenyddol)

R. Geraint Gruffydd, *Y Beibl a droes i'w bobl draw*, Corfforaeth Ddarlledu Brydeinig, 1987

R. Geraint Gruffydd, *Yr Esgob William Morgan a Beibl Cymraeg 1588*, Cof Cenedl Cyfrol III, Gwasg Gomer, 1988

R. Geraint Gruffydd, *William Morgan: Dyneiddiwr*, Darlith Goffa Henry Lewis, Coleg Prifysgol Abertawe, 1989

Geraint H. Jenkins (golygydd), *Y Gymraeg yn ei Disgleirdeb* (Cyfres Hanes Cymdeithasol yr Iaith Gymraeg), Gwasg Prifysgol Cymru, 1997

Owen Jones, *Ceinion Llenyddiaeth Gymraeg*, Llundain, 1876

W. Bezant Lowe, *The Heart of Northern Wales*, 1927

Nia Watkin Powell, *Dr William Morgan and his parishioners at Llanrhaeadr-ym-Mochnant*, Trafodion Cymdeithas Hanes Sir Gaernarfon, 1988

Enid Pierce Roberts, *William Morgan a'r Beibl Cymraeg*, Gwasg y Bwthyn, 2004

G. J. Roberts, *Yr Esgob William Morgan*, Gwasg Gee, 1955

Richard Suggett a Margaret Dunn, *Darganfod Tai Hanesyddol Eryri*, Comisiwn Brenhinol Henebion Cymru, 2014

Isaac Thomas, *William Morgan a'i Feibl*, Gwasg Prifysgol Cymru, 1988

Glanmor Williams, *Bishop William Morgan and the First Welsh Bible*, Cylchgrawn Cymdeithas Hanes a Chofnodion Sir Feirionnydd, 1976

Gruffydd Aled Williams, *Edmwnd Prys: Dyneiddiwr Protestannaidd*, Cylchgrawn Cymdeithas Hanes a Chofnodion Sir Feirionnydd, 1980

Gruffydd Aled Williams, *William Salesbury a 'Blaendorri'r Iâ'*, Cof Cenedl IV, Gwasg Gomer, 1989

Vivian Parry Williams, Owen Gethin Jones – *Ei Fywyd a'i Feiau*, Gwasg Carreg Gwalch, 1997

Vivian Parry Williams, *Elis o'r Nant – Cynrychiolydd y Werin*, Gwasg Carreg Gwalch, 2014

Yr Ymddiriedolaeth Genedlaethol – arweinlyfr 1988 ac arweinlyfr (di-ddyddiad), Dr. Liz Green (golygydd)

Gellir cyrchu o'r we:

Prosiect Dendrocronoleg Gogledd Orllewin Cymru: *Tŷ Mawr Wybrnant* (ymchwil Frances Richardson, Iola Wyn Jones a Tony Schärer), 2013 a *Fedw Deg Old Farmhouse* (ymchwil Tony Schärer), 2015

Cydnabyddiaeth Lluniau

Yr Ymddiriedolaeth Genedlaethol 11, 30, 44

Y Llyfrgell Genedlaethol 12, 17, 24, 32, 33 (chwith), 36, 42, 52, 53, 55, 56, 57, 77 (chwith)

Y Comisiwn Henebion 20, 80

Dennis Davies 41

Gerwyn Edwards 43

Raymond Griffiths 49

Iestyn Hughes 14, 16

Meinir Hughes 25, 58

Nathan Munday 46

Iola Wyn Jones 37, 38

Richard Jones 40

Aneurin Phillips 4, 6, 8, 21, 28-29, 33, 73, 74, 77 (de), 82-83

Gwenda Rippon 51